I0707023

The Storm

(Political Poem Collection)

1st Ed. 2024

25 Original Poems

Written by: The Coffee Drinker

Published by: Amazon

Table of Contents:

26 Political Poems

Inhaltsübersicht

Kapitel 8: Dessert-Rezepte 83

Kapitel 9: Bewegung und Lebensstil für die Nierengesundheit 98

Kapitel 10: Überwachen und Einstellen 102

Schlussfolgerung 105

Einführung

Eine gute Gesundheit ist wie ein bunter Faden, der alle Ereignisse, Hoffnungen und Freuden des Lebens miteinander verbindet. Es ist ein feines Gleichgewicht, das durch Gesundheitsprobleme, vor allem wenn sie die Nieren betreffen, empfindlich gestört werden kann. Stellen Sie sich vor, dass Sie oder ein Ihnen nahestehender Mensch mit den Herausforderungen der Nierengesundheit zu kämpfen haben, z. B. mit der Einhaltung komplizierter Diätvorschriften und der Sorge um die Zukunft.

Auf dem Weg zur Nierengesundheit gibt es viele Hindernisse, und es braucht mehr als nur eine medizinische Behandlung und eine Änderung des Lebensstils, um dorthin zu gelangen. Auf dieser Reise entstand die Idee für das "Renal Diet Cookbook", ein Kochbuch, das speziell für die Ernährungsbedürfnisse der deutschen Bevölkerung geschrieben wurde. Was Sie in Ihren Händen halten, ist mehr als nur ein Kochbuch; es ist der erste Schritt auf einem Weg zu Gesundheit und Glück, der Ihnen nicht nur körperliche, sondern auch emotionale und geistige Revitalisierung bringen wird.

Bevor man in die köstliche Welt der nierenfreundlichen Gerichte eintaucht, sollte man sich der Schwierigkeiten bewusst sein, die der Umgang mit Nierenproblemen mit sich bringt. Menschen, die eine Nierendiät einhalten müssen, können sich aufgrund der

Einschränkungen, die die Diät mit sich bringt, benachteiligt, frustriert und sogar allein fühlen. Sie können nachvollziehen, wie schwierig es ist, Mahlzeiten zu finden, die sowohl Ihren Ernährungsbedürfnissen als auch Ihrem Bedürfnis nach kulinarischer Abwechslung gerecht werden, vor allem, wenn Sie auf eine nierenfreundliche Diät angewiesen sind.

Angesichts dieser Schwierigkeiten erweist sich dieses Kochbuch als Lichtblick, als hilfreiche Ressource, die mit Mitgefühl und Einsicht zusammengestellt wurde. Es ist mehr als nur eine Rezeptsammlung; es ist der Beweis dafür, dass schmackhaftes, sättigendes Essen nicht der Nierengesundheit geopfert werden muss. Gemeinsam werden wir die Welt des Essens erkunden und die Geheimnisse der Zubereitung von Gerichten entdecken, die den Gaumen erfreuen und trotz der strengen Einschränkungen einer Nierendiät Freude am Essen bereiten.

Sie fragen sich vielleicht, was dieses Kochbuch im Vergleich zu den anderen in den Regalen einzigartig macht. Das Geheimnis liegt in den Seiten, auf denen Sie Gerichte finden, die sorgfältig ausgewählt wurden, um nicht nur die Nierenstandards zu erfüllen, sondern auch die große Vielfalt der Aromen in der deutschen Küche hervorzuheben. Dieses Buch ist mehr als nur eine Sammlung von Regeln, die es zu befolgen gilt; es ist ein Hilfsmittel, um diätetische Einschränkungen in Inspiration für neue Gerichte zu verwandeln.

Auf diesen Seiten finden Sie Gerichte, die nicht nur den ernährungsphysiologischen Anforderungen gerecht werden, sondern auch die breite Palette an kühnen Aromen zelebrieren, die für die deutsche Küche charakteristisch sind. Jedes Gericht, von kräftigen Eintöpfen über aromatische Braten bis hin zu verführerischen Süßspeisen, wurde unter Berücksichtigung der ernährungsphysiologischen Anforderungen der Nierengesundheit entwickelt, ohne dabei den reichen Geschmack und den kulturellen Geist der deutschen Küche zu opfern.

Auf Ihrer kulinarischen Reise lernen Sie, wie Sie Ihre Geschmacksnerven befriedigen können, ohne Ihre Gesundheit zu opfern, wie Sie in Maßen kochen können, ohne auf Geschmack zu verzichten, und vieles mehr. Jedes Gericht wurde sorgfältig zusammengestellt, um Ihnen das bestmögliche Erlebnis zu bieten und gleichzeitig die strengen Richtlinien einer Nierendiät einzuhalten.

Ich werde zwar meinen Namen nicht nennen, aber Sie können sicher sein, dass ich über den Hintergrund und das Fachwissen verfüge, um Ihnen bei diesem kulinarischen

Abenteuer durch die trüben Gewässer der Nierengesundheit zu helfen. Ich kenne mich mit Nierenproblemen aus und weiß, wie schwierig es sein kann, schmackhaftes Essen zu finden, das Ihren Nieren nicht schadet.

Dieses Kochbuch ist nicht die Idee eines mysteriösen Autors; es ist vielmehr das Ergebnis der eigenen Versuche und Schwierigkeiten des Autors, eine Ernährung zu finden, die sowohl gesund als auch für Menschen mit Nierenversagen geeignet ist. Es ist die natürliche Folge meines Strebens, die nuancierte Beziehung zwischen Essen und Geschmack zu erlernen, und meines Wunsches, diese Informationen an eine Gesellschaft weiterzugeben, die es verdient, die Fülle des Lebens zu genießen.

Wenn Sie diese Seiten durchblättern, möchte ich, dass Sie ein Gefühl der Ermächtigung verspüren. Dies ist kein gewöhnliches Kochbuch, sondern ein maßgeschneiderter Leitfaden zur Überwindung von Hindernissen bei der Nierengesundheit und zum Genuss der köstlichen Vielfalt der deutschen Küche. Betrachten Sie es als einen Partner in der Küche, der Ihnen beim Einkaufen der Zutaten, bei der Planung Ihrer Mahlzeiten und beim Genießen der Früchte Ihrer Arbeit zur Seite steht.

Dieses Buch ist mehr als nur eine Rezeptsammlung; es ist eine Proklamation, dass Sie nicht nur Nahrung verdienen, sondern auch den Genuss, den jeder Bissen mit sich bringt. Lassen Sie dieses Kochbuch zu einem verlässlichen Freund werden, der mit Ihnen durch dick und dünn geht und der sich mit Ihnen über Ihre Erfolge freut.

Ist Ihre Geschmacksmuse bereit für eine Symphonie von Geschmacksrichtungen, die speziell für den deutschen Gaumen entwickelt wurden, oder wollen Sie sich an die Grenzen Ihrer Nierendiät halten? Das "Nierendiät-Kochbuch" ist mehr als ein Kochbuch, es ist ein Versprechen für mehr Gesundheit und Energie durch Ernährung. Auf geht's, die Reise kann beginnen.

Kapitel 1:
Die Gesundheit der Nieren verstehen

Navigieren durch die Feinheiten der Nierenfunktion

Die Nieren spielen eine entscheidende Rolle in der komplizierten Symphonie des Körpers und orchestrieren einen komplexen Tanz, der für das Leben unerlässlich ist. In diesem Kapitel wird die Gesundheit der Nieren erforscht, um die entscheidende Rolle dieser bohnenförmigen Organe bei der Erhaltung unserer allgemeinen Gesundheit zu beleuchten.

Die Rolle der Nieren: Filtration, Regulierung und mehr

Um die Gesundheit der Nieren zu verstehen, ist es wichtig, die verschiedenen Aufgaben der Nieren zu kennen. Diese scheinbar unbedeutenden Organe tun viel mehr als nur Schadstoffe herauszufiltern; sie spielen auch eine entscheidende Rolle bei der Aufrechterhaltung des empfindlichen inneren Gleichgewichts unseres Körpers. Sie sind dafür verantwortlich, unerwünschte Stoffe und überschüssige Flüssigkeit aus dem Kreislaufsystem herauszufiltern. Man kann sich die Nieren als wachsame Wächter vorstellen, die den Elektrolyt-, Mineralien- und Flüssigkeitshaushalt des Körpers in Schach halten.

Ihre Aufgaben gehen jedoch über die Filterung hinaus. Die Nieren schütten das Hormon Renin aus, um die Salz- und Wasserkonzentration zu regulieren, was sie zu wichtigen Regulatoren des Blutdrucks macht. Außerdem schütten sie Erythropoietin aus, ein Hormon, das das Knochenmark stimuliert und wesentlich zur Bildung roter Blutkörperchen beiträgt. Die Nieren sind dynamische Organe, die weitreichende Auswirkungen auf unser physiologisches Gleichgewicht haben; sie sind weit mehr als einfache Filter.

Häufige Probleme mit der Nierengesundheit: Navigieren auf dem Terrain der Nierenkrankheiten

Auf dem Weg zur Nierengesundheit ist es von entscheidender Bedeutung, dass wir die weit verbreiteten Probleme untersuchen, die das normale Funktionieren der Nieren stören können. Ein weit verbreitetes Problem ist die chronische Nierenerkrankung (CKD), die zu einem der Hauptgesprächsthemen wird. Die chronische Nierenerkrankung (CKD) ist ein stiller Killer, weil sie die Nierenfunktion im Laufe der Zeit langsam zerstört. Mehrere Faktoren, darunter Diabetes, Bluthochdruck, genetische Faktoren und Autoimmunkrankheiten, werden mit ihrer Entstehung in Verbindung gebracht.

Die Bildung von Nierensteinen ist ein weiterer Bereich der Nierengesundheit, der untersucht werden muss. Diese Kristalle, die aus Kalzium, Oxalat und anderen Chemikalien bestehen, können die Harnwege durchwandern und quälende Schmerzen verursachen. Wer sich die Zeit nimmt, sich über die Ursachen von Nierensteinen zu informieren, ist besser vorbereitet, um vorbeugende Maßnahmen zu ergreifen.

In diesem Kapitel wird auch auf die akute Nierenschädigung eingegangen, die eine rasche Abnahme der Nierenfunktion verursacht. Zahlreiche Gründe, wie Infektionen, Medikamente und extreme Dehydrierung, können diesen schnellen Abfall verursachen, was unterstreicht, wie wichtig es ist, auf Warnzeichen zu achten.

Der Einfluss der Ernährung auf die Nierenfunktion: Erstellung eines Nährstoffrahmens

Schalten wir einen Gang zurück und sprechen wir über die Auswirkungen der Ernährung auf die Nierenfunktion, einen Schlüsselfaktor, der dazu beiträgt, dieses komplexe Netz zusammenzuhalten. Was wir essen, ist mehr als nur Kraftstoff; es ist auch ein wesentlicher Bestandteil der Pflege unseres Körpers und insbesondere unserer

Nieren. Für die Nierengesundheit ist es von entscheidender Bedeutung, sich der wichtigen Rolle bewusst zu sein, die die Ernährung spielt.

Natrium, das in fast allen Lebensmitteln enthalten ist, die wir zu uns nehmen, spielt dabei eine entscheidende Rolle. Bluthochdruck ist nur eine weitere Möglichkeit, wie eine übermäßige Natriumzufuhr unsere Nieren schädigen kann. Um unsere Nieren zu schützen, ist es wichtig zu wissen, wo sich Salz in unsere Ernährung einschleicht und wie wir es einschränken können.

Kalium ist ein weiteres Elektrolyt, auf das geachtet werden muss. Obwohl ein angemessener Kaliumspiegel für die Nerven- und Muskelfunktion erforderlich ist, kann er für Menschen mit eingeschränkter Nierenfunktion problematisch sein. Die Aufklärung über die Vorteile eines maßvollen Verzehrs kaliumreicher Lebensmittel ist daher unerlässlich.

Der Einfluss von Eiweiß auf die Ernährung ist ein komplexes Diskussionsthema. Auch wenn der Körper Eiweiß braucht, kann es schädlich sein, zu viel davon zu essen, vor allem wenn man bereits eine Nierenerkrankung hat. Bei der Ernährungsberatung für die Nierengesundheit geht es vor allem darum, ein Gleichgewicht zwischen einer ausreichenden Eiweißzufuhr und einer zu hohen Eiweißzufuhr zu finden.

Das Kapitel befasst sich mit den Auswirkungen der Flüssigkeit über die Makronährstoffe hinaus und unterstreicht die Bedeutung der Flüssigkeitszufuhr für den Erhalt der Nierenfunktion. Eine ausreichende Wasserzufuhr unterstützt die Nieren bei der Ausscheidung von Abfallstoffen und Toxinen und unterstreicht die Notwendigkeit, dies zu einem regelmäßigen Bestandteil des Tagesablaufs zu machen.

Nun, da wir den größeren Rahmen dieses Kapitels erreicht haben, wissen wir, dass ein ganzheitlicher Ansatz erforderlich ist, um den delikaten Tanz der Nieren auf dem Weg zu guter Gesundheit vollständig zu verstehen. Die Nieren, als Dirigenten par excellence, verdienen unseren größten Respekt und unsere größte Sorgfalt. Wir können die Reise zu einer optimalen Nierengesundheit beginnen, wenn wir ihre Rolle verstehen, häufige Nierenerkrankungen erkennen und die enorme Bedeutung der Ernährung schätzen.

Wenn wir uns gemeinsam auf diese Reise begeben, sollten wir uns daran erinnern, dass die Lebensmittel, die wir zu uns nehmen, nicht nur unseren Geschmacksnerven schmeicheln, sondern auch die komplexen Systeme in uns nähren. Die Nieren, diese stillen Wächter unserer inneren Landschaft, verlangen unsere aufmerksame Beachtung.

In den folgenden Kapiteln finden Sie weitere Informationen, die Sie auf Ihrem Weg zu einer kulinarischen Reise unterstützen, die die Gesundheit der Nieren fördert und feiert.

Kapitel 2:
Nährstoffbedarf für die Nierengesundheit

Nahrung für die Nieren

In dem vielschichtigen Bereich der Nierengesundheit erweist sich die Ernährung als Eckpfeiler für die Unterstützung und Ernährung der Nieren. In diesem Kapitel werden wir beginnen, das Ernährungsgeflecht zu entwirren und die spezifischen Ernährungsbedürfnisse, die eine gesunde Nierenfunktion unterstützen, genauer zu betrachten. Auf dieser Reise werden wir die Besonderheiten der Natrium-, Kalium-, Phosphor- und Proteinkontrolle kennenlernen und ihre entscheidende Rolle bei der Förderung der Nierengesundheit schätzen lernen.

Spezifische Ernährungsbedürfnisse: Ein maßgeschneiderter Ansatz für Nierenkranke

Menschen, die mit Nierenproblemen zu kämpfen haben, stehen vor besonderen Herausforderungen, die eine maßgeschneiderte Ernährungsstrategie erfordern. Es ist ein schmaler Grat zwischen einem Zuviel und einem Zuwenig an kritischen Nährstoffen, die für die Nierengesundheit notwendig sind und die alle eine Rolle dabei spielen, die Nieren im Gleichgewicht zu halten.

Kalzium und Vitamin D: Die dynamische Kombination von Kalzium und Vitamin D ist für die Nierengesundheit von wesentlicher Bedeutung. Kalzium ist ein wichtiger Mineralstoff für die Knochengesundheit, aber es kann schwierig sein, bei Nierenkranken eine gesunde Menge aufrechtzuerhalten. Ein Vitamin-D-Mangel beeinträchtigt die Kalziumabsorption, so dass eine nuancierte Beziehung entsteht, die berücksichtigt werden muss.

Der Eisenhaushalt steht in engem Zusammenhang mit dem Zustand der Nieren. Probleme mit dem Eisenstoffwechsel, die zu Folgen wie Anämie führen können, sind bei Menschen mit chronischer Nierenerkrankung häufig. Der Umgang mit dieser Komponente der Nierengesundheit hängt in hohem Maße von der Aufrechterhaltung einer angemessenen Eisenzufuhr durch die Nahrung und, falls erforderlich, durch Nahrungsergänzungsmittel ab.

Die Familie der B-Vitamine, zu der die Vitamine B6, B12 und Folsäure gehören, ist für eine gesunde Nierenfunktion unerlässlich. Ohne diese Vitamine, die zur Bildung roter Blutkörperchen beitragen und bei der Verarbeitung von Nährstoffen helfen, ist die Ernährung der Nieren unvollständig.

Natriumzufuhr kontrollieren: Navigieren durch die salzige See

Natrium, ein allgegenwärtiger Bestandteil unserer Ernährung, steht im Mittelpunkt des Ernährungsdrehbuchs für die Nierengesundheit. Es ist von entscheidender Bedeutung, den Natriumkonsum in Grenzen zu halten, da dies Bluthochdruck verhindern kann, der die Nieren zusätzlich belastet.

Der enge Zusammenhang zwischen Salz und Blutdruck macht deutlich, wie wichtig es ist, die Natriumzufuhr im Auge zu behalten. Hoher Blutdruck trägt nicht nur zum Verlauf einer Nierenerkrankung bei, sondern birgt auch ein Risiko für kardiovaskuläre Folgen.

Verdeckte Natriumproduktion: Ein wichtiger Teil der Natriumkontrolle besteht darin, die unentdeckten Natriumquellen in der Ernährung zu identifizieren. Hohe Natriummengen können in verarbeiteten Lebensmitteln, Restaurantmahlzeiten und sogar in scheinbar harmlosen Gewürzen versteckt sein, daher ist es wichtig, auf der Hut zu sein und fundierte Entscheidungen zu treffen.

Praktische Möglichkeiten zur Senkung der Natriumaufnahme sind ein zentraler Punkt dieses Kapitels. Die Leser lernen praktische Techniken zur Schaffung eines natriumarmen kulinarischen Umfelds kennen, wie z. B. die Bevorzugung ganzer, frischer Lebensmittel und die Verwendung von Kräutern und Gewürzen als schmackhafte Alternativen.

Kalium im Gleichgewicht: Der Drahtseilakt der Elektrolyte

Die Nieren haben eine komplexe Beziehung zu Kalium, einem essenziellen Elektrolyten. Ein erhöhter Kaliumspiegel kann für Menschen mit eingeschränkter Nierenfunktion schwierig sein, obwohl Kalium für die Nerven- und Muskelfunktion erforderlich ist.

Kalium und Nierenfunktion: Zu wissen, wie der Körper Kalium reguliert, ist der erste Schritt, um gut informierte Ernährungsentscheidungen zu treffen. Eine eingeschränkte Nierenfunktion kann die Fähigkeit des Körpers beeinträchtigen, überschüssiges Kalium auszuscheiden, was eine ständige Kontrolle erfordert.

Kaliumhaltige Lebensmittel: Im Rahmen dieser Ernährungsumstellung ist es von entscheidender Bedeutung, sich über die große Vielfalt an kaliumreichen Lebensmitteln zu informieren. Obwohl sie viel Kalium enthalten, können Obst, Gemüse und Hülsenfrüchte in Maßen verzehrt werden, um den Nährstoffbedarf zu decken und gleichzeitig die Nieren zu schonen.

Da jeder Mensch einen anderen Kaliumbedarf hat, wird in diesem Kapitel erläutert, wie das Kaliummanagement an bestimmte Gesundheitszustände angepasst werden kann. Mit dieser ausgefeilten Strategie können die Leser selbstbewusst auf dem schmalen Grat der Elektrolytversorgung wandern.

Der Umgang mit Phosphor: Ein Balanceakt

Die Bedeutung von Phosphor für die Nieren wird oft zugunsten der bekannteren Elektrolyte wie Natrium und Kalium übersehen. Störungen im Phosphorhaushalt können zu Knochen- und Herz-Kreislauf-Problemen beitragen, weshalb die Steuerung der Phosphoraufnahme für Menschen mit Nierenproblemen besonders wichtig ist.

Die komplexen Mechanismen der Phosphoraufnahme und -kontrolle im Körper werden seziert und die Komponenten, die die Phosphorhomöostase bestimmen, beleuchtet.

Diätetische Maßnahmen zur Kontrolle hoher Phosphorwerte aufgrund einer eingeschränkten Nierenfunktion sind notwendig.

**Lebensmittelquellen für Phosphor: In diesem Kapitel werden die Phosphorquellen in der Ernährung aufgezeigt, wobei betont wird, wie wichtig es ist, bei der Entwicklung einer für Menschen mit Nierenfunktionsstörungen geeigneten Ernährung informiert zu sein. Die Leser erhalten das nötige Rüstzeug, um fundierte Entscheidungen über den Verzehr von phosphorhaltigen Lebensmitteln zu treffen, die von Milchprodukten bis hin zu Nüssen und Samen reichen.

Einschränkung phosphorreicher Lebensmittel* Das Kapitel enthält einen praktischen Teil mit Empfehlungen zur Einschränkung phosphorreicher Ernährung. Ein ausgewogenes Phosphorverhältnis kann durch maßvollen Verzehr und sorgfältige Planung der Mahlzeiten erreicht werden.

Proteinkonsum im Zusammenhang mit der Nierengesundheit: Das richtige Gleichgewicht finden

Eiweiß, ein wesentlicher Bestandteil jeder gesunden Ernährung, steht oft im Mittelpunkt von Gesprächen über die Nierenfunktion. Eiweiß ist für viele Prozesse im Körper lebenswichtig, muss aber von Menschen mit Nierenproblemen sorgfältig kontrolliert werden.

Es ist ein schmaler Grat zwischen einer ausreichenden Eiweißzufuhr und einem zu hohen Eiweißverzehr, und wenn Sie dies verstehen, können Sie bessere Entscheidungen bei der Ernährung treffen. Eine proteinreiche Ernährung wird mit Nierenerkrankungen in Verbindung gebracht, weil sie das Organ belastet.

Qualität vs. Quantität:

Das Kapitel zeigt den Lesern, wie sie die Qualität und Quantität des verzehrten Proteins bewerten können. Durch die Auswahl hochwertiger Proteinquellen wie mageres Fleisch, Meeresfrüchte und pflanzliche Alternativen kann der Einzelne eine stabile Ernährung finden und gleichzeitig seine Nierengesundheit schützen.

Maßgeschneiderte Proteinzufuhr:* Da jeder Mensch einen anderen Proteinbedarf hat, wird in diesem Kapitel betont, wie wichtig es ist, die Proteinzufuhr auf die spezifischen Bedürfnisse des Einzelnen abzustimmen. Die Proteinzufuhr sollte je nach Alter,

Geschlecht und allgemeinem Gesundheitszustand angepasst werden, um einen maßgeschneiderten Service zu bieten.

Am Ende dieser Ernährungsuntersuchung wird deutlich, dass die Kenntnis des komplexen Zusammenspiels von Natrium, Kalium, Phosphor und Eiweiß für die Förderung der Nierengesundheit entscheidend ist. Als Ernährungsplan weist dieser Abschnitt dem Leser die richtige Richtung, wenn es darum geht, nierenschonende Entscheidungen zu treffen. Die nächsten Kapitel beleuchten Ihren Weg zur Nierengesundheit und geben Ihnen hilfreiche Tipps und leckere Rezepte für Ihre nierenfreundliche kulinarische Reise an die Hand.

Kapitel 3: Mahlzeitenplanung bei Nierendiäten

Eine kulinarische Symphonie für die Nierengesundheit

Die Zubereitung von Mahlzeiten ist ein wichtiger Bestandteil des kulinarischen Wandteppichs der Nierengesundheit, der ein Bild des Wohlbefindens und der Versorgung mit Nährstoffen vermittelt. Dieses Kapitel befasst sich mit der Wissenschaft und der Kunst der Mahlzeitenplanung bei Nierendiäten und gibt hilfreiche Ratschläge für die Zubereitung nahrhafter, köstlicher Mahlzeiten, die die Vielfalt des Lebens hervorheben und die Nierenfunktion unterstützen.

Praktische Tipps für ausgewogene Mahlzeiten: Eine Symphonie der Aromen und Nährstoffe

Die Grundlage einer gesunden Ernährung ist der Verzehr einer großen Vielfalt von Lebensmitteln. Obst, Gemüse, Vollkornprodukte und mageres Eiweiß - sie alle spielen eine Rolle in der Symphonie der Aromen und Farben, die eine gesunde Ernährung ausmachen. Das Kapitel leitet den Leser an, das enorme Spektrum an nierenfreundlichen Zutaten zu erkunden und fördert den kulinarischen Erfindungsreichtum innerhalb der Grenzen diätetischer Einschränkungen.

Die Kontrolle der Portionen ist ein wichtiges Element bei der Planung von Nierenmahlzeiten, daher ist es wichtig, bewusst zu essen. Indem man kontrolliert, wie viel man isst, kann man die Belastung für die Nieren verringern, die entsteht, wenn man von bestimmten Lebensmitteln zu viel isst. Die Verwendung kleinerer Teller und die Beachtung von Hungergefühlen sind nur zwei der praktischen Vorschläge zur Portionskontrolle, die bei der Planung von Mahlzeiten, die satt machen, aber die Nierengesundheit schonen, entscheidend sind.

Ausgewogenheit Die Makronährstoffe (Proteine, Kohlenhydrate und Fette) in einer Nierendiät müssen sorgfältig ausbalanciert werden, und in diesem Kapitel wird erklärt, wie man das macht. Die Leser lernen, wie man Mahlzeiten plant, die kontinuierlich Energie und Nährstoffe liefern, ohne die Nieren zu belasten, indem sie lernen, wie wichtig es ist, diese Nährstoffe gleichmäßig über den Tag zu verteilen.

Portionskontrolle: Der Herzschlag des nierenbezogenen Wohlbefindens

Die Bedeutung verstehen: Der Herzschlag des Wohlbefindens der Nieren hallt in den Hallen der Portionskontrolle wider. In diesem Beitrag werden wir untersuchen, warum die Kontrolle der Portionsgröße für eine gesunde Ernährung so wichtig ist. Der Einzelne kann ein nierenfreundliches Umfeld schaffen, indem er seine Nahrungsaufnahme entsprechend seinem individuellen Nährstoffbedarf kontrolliert.

Methoden zur effizienten Verringerung von Portionen: Es werden die effektivsten und realistischsten Methoden zur Regulierung der eigenen Portionsgrößen diskutiert. Die Leser lernen praktische Strategien kennen, wie z. B. die Verwendung von Messinstrumenten und visuellen Hinweisen sowie die Praxis des achtsamen Essens, um die Portionskontrolle in ihren Alltag zu integrieren. Diese Methoden fördern eine bewusstere Art des Essens und kommen gleichzeitig der Nierengesundheit zugute.

Ändern der Portionsgröße: In diesem Kapitel wird betont, wie wichtig es ist, die Portionsgrößen an individuelle Kriterien wie Alter, Trainingszustand und allgemeinen Gesundheitszustand anzupassen, da eine Größe nicht für alle passt. Diese ausgeklügelte Methode stellt sicher, dass die Portionskontrolle nicht als eine Sammlung von Regeln, sondern als ein spezifisches Instrument zur Förderung der Nierengesundheit betrachtet wird.

Beispielhafte Essenspläne: Eine kulinarische Entdeckungsreise, zugeschnitten auf Vorlieben und Einschränkungen

Nierenfreundliches Frühstück: Dieses Kapitel nimmt Sie mit auf ein gastronomisches Abenteuer mit Rezepten und Menüideen, die Sie an Ihre speziellen Bedürfnisse anpassen können. Beginnend mit dem Frühstück lernen die Leser köstliche Optionen wie den Süßkartoffel-Spinat-Frühstücksauflauf und den Beeren-Mandel-Smoothie kennen, die beide für nierenkranke Menschen geeignet sind. Diese Frühstücke erfüllen die Anforderungen der Nierenerkrankung und bieten gleichzeitig ein Sammelsurium an Geschmack und Nährstoffen für Ihren Morgen.

Gesunde Snacks für das Mittagessen: Die kulinarische Reise geht weiter mit ausgewogenen Mittagsalternativen, die die Vielfalt der nierenfreundlichen Mahlzeitenplanung veranschaulichen. Diese Mittagsmahlzeiten bieten eine Symphonie von Geschmacksrichtungen, die eine Vielzahl von Ansprüchen erfüllen, vom ballaststoff- und antioxidantienreichen mediterranen Quinoa-Salat bis hin zum proteinreichen Genuss von gegrillten Hähnchen- und Gemüsespieße.

Köstliche Mahlzeiten: In diesem Kapitel finden Sie eine Vielzahl von schmackhaften Abendessen, die den Ernährungsbedürfnissen der Nierengesundheit entsprechen, ohne auf die reichhaltigen Aromen der traditionellen deutschen Küche zu verzichten. Der gebackene Kabeljau mit Zitrone und Dill und die mit Spinat und Kichererbsen gefüllten Paprikaschoten sind die Stars der Show und beweisen, dass ein Abendessen ein Fest für den Körper und ein Schaufenster für die Fantasie des Kochs sein kann.

Diese Untersuchung der Mahlzeitenplanung für Nierendiäten zeigt, dass die Zubereitung gesunder, nierenfreundlicher Mahlzeiten keine Einschränkung, sondern ein Grund zum Feiern ist. Der Leser erhält einen kulinarischen Kompass durch die praktischen Ratschläge des Buches für die Mahlzeitenplanung, den Herzschlag des Portionsmanagements und die Symphonie von Beispielmahlzeiten, die alle darauf abzielen, die Nieren mit Absicht und Geschmack zu ernähren.

Während wir unser kulinarisches Abenteuer fortsetzen, sollten wir uns daran erinnern, dass Mahlzeiten **nach Directions:** mehr als nur ein Mittel zum Zweck sind; es ist eine nie endende Feier des delikaten Tangos zwischen gesunder Ernährung, leckerem Essen und Nierengesundheit. In den folgenden Kapiteln finden Sie weitere Rezepte, Ideen und Taktiken, die Sie auf dem Weg zu einer optimalen Nierengesundheit unterstützen.

Kapitel 4: Kochtechniken für Nierendiäten

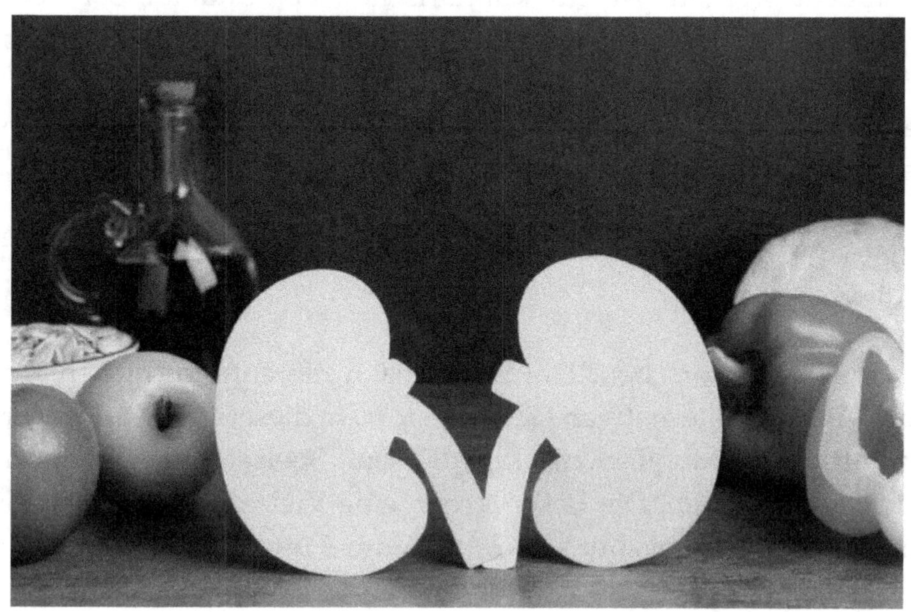

Eine kulinarische Symphonie des Geschmacks und der Nährstofferhaltung

Schonende Garmethoden: Bei einer Nierendiät ist die Beibehaltung des Geschmacks von entscheidender Bedeutung, daher ist es wichtig, die Garmethoden sorgfältig auszuwählen. In diesem Beitrag gehen wir auf einige Niedrigtemperatur-Garmethoden ein, die schonend für die Zutaten sind und dennoch köstliche Ergebnisse liefern. Diese Kochtechniken bieten eine Symphonie aus Geschmack und Gesundheit, vom Dämpfen und Sautieren bis zum Pochieren.

Dämpfen: Wenn es darum geht, die Nährstoffe zu erhalten, hat das Dämpfen die Nase vorn. Durch das Dämpfen bleiben die Aromen erhalten und es wird verhindert, dass die Nährstoffe beim Kochen entweichen. In diesem Kapitel erfährt der Leser, wie er das Dämpfen in sein Kocharsenal aufnehmen kann und wie er die Dauer des Dampfens für bestimmte Lebensmittel bestimmt.

Sautieren: Die schmackhafte Kunst des schnellen Kochens: Beim Sautieren steht die Bewahrung des Geschmacks im Mittelpunkt, denn es erfordert ein schnelles Garen bei mittlerer bis hoher Hitze. Dieses Kapitel befasst sich mit den Feinheiten des Sautierens, von der Auswahl der Öle bis zur Temperaturkontrolle. Sautieren verstärkt nicht nur den Geschmack, sondern sorgt auch dafür, dass wichtige Nährstoffe erhalten bleiben.

Pochieren: Das Pochieren, ein sanftes Kochverfahren, bei dem Komponenten in kochende Flüssigkeit getaucht werden, ist ein kulinarischer Verbündeter bei der Suche nach subtilen Aromen. Dieses Kapitel hilft Ihnen, das Pochieren zu meistern, indem es Sie durch die Schritte der Auswahl der richtigen Flüssigkeit und der richtigen Temperatur führt. Bei dieser schonenden Methode bleiben der Geschmack und die Nährstoffe intakt, während das Wesentliche der Zutaten erhalten bleibt.

Gewürzalternativen: Eine Symphonie des Geschmacks ohne Kompromisse für die Nierengesundheit

Kräuter und Gewürze erforschen: Die Suche nach nierenfreundlichen Kochtechniken setzt sich in der Welt der alternativen Gewürze fort. In diesem Abschnitt werden Kräuter und Gewürze als eine Möglichkeit angepriesen, Speisen zu verfeinern, ohne die Nierenfunktion zu gefährden. Die Leser lernen eine Vielzahl von Alternativen kennen, von Basilikum und Oregano bis hin zu Kreuzkümmel und Koriander, mit denen sie den Geschmack ihrer Speisen verbessern können.

Salz reduzieren, ohne den Geschmack zu beeinträchtigen: Nierendiäten legen Wert auf eine natriumarme Ernährung, aber das muss nicht bedeuten, dass das Essen fade ist. In diesem Kapitel werden Möglichkeiten aufgezeigt, wie man den Salzgehalt reduzieren kann, ohne den Geschmack zu beeinträchtigen. Den Betroffenen stehen Ressourcen zur Verfügung, die es ihnen ermöglichen, Mahlzeiten zu genießen, ohne ihre Nierengesundheit zu gefährden, z. B. salzfreie Gewürze und schmackhafte Alternativen wie Knoblauch und Zitrone.

Ausgewogene Aromen mit sauren Komponenten: Saure **Zutaten:**wie Essig und Zitrusfrüchte sind ebenfalls Teil der Geschmackssymphonie. Dieses Kapitel befasst sich mit den Möglichkeiten, wie diese Elemente für ein harmonisches Geschmacksprofil in Lebensmitteln eingesetzt werden können. Mit Hilfe von säurehaltigen Bestandteilen ist es möglich, Geschmacksprofile zu verstärken, ohne auf übermäßiges Salz zurückzugreifen.

Kochtipps zur Erhaltung von Textur und Qualität: Nierenschonende Zutaten pflegen

Optimale **Zubereitung von** Gemüse:: Die Zubereitung von Gemüse, das in der Nierendiät eine wichtige Rolle spielt, erfordert besondere Sorgfalt. In diesem Kapitel erfahren Sie, wie Sie nierenfreundliches Gemüse so zubereiten, dass es seine Nährstoffe und seine angenehme Konsistenz behält. Vom Blanchieren bis zum Braten erhalten die Leser Einblicke in Techniken, die die natürliche Knackigkeit und Lebendigkeit des Gemüses verbessern, ohne seine Nährstoffintegrität zu beeinträchtigen.

Strategien zur Erhaltung der Proteinqualität: Eiweiß ist ein wesentlicher Bestandteil der Nierendiät, muss aber sorgfältig behandelt werden, um seine Qualität zu erhalten. In diesem Kapitel werden Methoden zum Garen von magerem Fleisch und pflanzlichen Eiweißquellen besprochen, ohne deren Beschaffenheit zu verändern. Diese Methoden, die vom Marinieren bis zum vorsichtigen Grillen reichen, sorgen dafür, dass die Proteine schmackhaft und gesund für die Nieren bleiben.

Meisterhaftes Vollkorn: Die zähe Beschaffenheit von Vollkornprodukten, die für ihren Ballaststoff- und Nährstoffgehalt gelobt werden, erfordert eine sorgfältige Handhabung. In diesem Kapitel werden Kochempfehlungen für Vollkorngetreide erörtert, einschließlich Ratschlägen zu Verfahren wie dem Einweichen und dem optimalen Wasser-Getreide-Verhältnis. Wenn man lernt, wie man Vollkorn richtig zubereitet, erhält man leckere, nierenfreundliche Mahlzeiten.

Im Wesentlichen erkennen wir an, dass die kulinarische Umgebung ein bunter Wandteppich nährstoffreicher Genüsse sein kann, wenn wir Kochmethoden für eine nierenfreundliche Ernährung erkunden. Die milden Garmethoden, Gewürzoptionen und Kochtipps, die in diesem Kapitel angeboten werden, bieten den Nutzern einen Kompass für die Navigation durch die Feinheiten der nierenfreundlichen Küche. Lassen Sie sie das Wissen mit auf ihr kulinarisches Abenteuer nehmen, dass Geschmack und Nierengesundheit erhalten werden können, wenn man ein paar einfache Anpassungen vornimmt und in der Küche kreativ ist.

Setzen wir unser kulinarisches Abenteuer fort und stoßen wir auf die Symphonie der Aromen an, die mit nierenfreundlicher Küche erreicht werden kann. Die folgenden Kapitel werden noch mehr Licht auf den Weg bringen und die Leser mit noch mehr Rezepten, Erkenntnissen und Fakten ausstatten, die sie bei ihrem Streben nach optimaler Nierengesundheit und gastronomischem Genuss unterstützen.

Kapitel 5:
Ersatzzutaten und Alternativen

Eine Palette von nierenfreundlichen Optionen

Nierendiäten können kompliziert sein, und es ist hilfreich, die Regeln, die sie bestimmen, genau zu kennen. Angesichts der vielen diätetischen Einschränkungen, die mit Nierenerkrankungen einhergehen, bietet dieser Abschnitt Ratschläge für den Austausch geeigneter Zutaten. Menschen, die auf ihre Natrium-, Kalium- oder Phosphoraufnahme achten müssen, können beruhigt in die Küche gehen, da sie wissen, dass ihnen eine Vielzahl von Optionen zur Verfügung steht.

Natrium-Substitutionen: Natrium, ein wichtiges Problem bei der Ernährung von Nierenkranken, erfordert einen vorsichtigen Umgang. Alternativen zu Salz, die den Geschmack verbessern, ohne die Nierengesundheit zu beeinträchtigen, werden in diesem Kapitel besprochen. Es gibt eine Vielzahl von Möglichkeiten, den Geschmack zu verbessern und gleichzeitig die Salzbeschränkungen einzuhalten, von der Verwendung von Kräutern und Gewürzen bis hin zur Zugabe von Essig und Zitrusfrüchten.

Kalium-Management: Kalium ist ebenfalls ein wichtiger Faktor, daher ist eine wählerische Ernährung erforderlich. Dieses Kapitel dient als Nachschlagewerk für kaliumbewusste Köche, indem es kaliumarme oder kaliumfreie Alternativen zu gängigen Lebensmitteln vorschlägt. Durch die Verwendung von kaliumarmen Alternativen können die Betroffenen eine vielfältige Auswahl an Geschmacksrichtungen genießen, ohne von ihren Ernährungszielen abzuweichen.

Phosphorbewusstes Kochen: Phosphor, der in vielen Lebensmitteln versteckt ist, muss ständig beobachtet werden. Die phosphorbewusste Küche wird eingehend erörtert, mit Vorschlägen für alternative Produkte, die anstelle derjenigen verwendet werden können, die die Phosphoraufnahme erhöhen können. Wer seinen Horizont um neue Komponenten erweitert, kann Gerichte zubereiten, die sowohl schmackhaft als auch gut für die Nieren sind.

Nierenfreundliche und geschmackvolle Alternativen: Ein kulinarisches Abenteuer

Erforschung von Eiweißalternativen: Die Bedeutung von Eiweiß in der Nierendiät macht eine weitere Untersuchung der verfügbaren Alternativen erforderlich. In diesem Kapitel werden Eiweißquellen besprochen, die für die Nierengesundheit unbedenklich sind. Diese reichen von pflanzlichen Alternativen wie Bohnen und Tofu bis hin zu magerem Fleisch, das den Ernährungszielen der Nieren entspricht. Durch den Verzehr einer Vielzahl von Eiweißquellen kann der Einzelne das ganze Spektrum des Geschmacks genießen und gleichzeitig seine Nieren unterstützen.

Köstlichkeiten aus Vollkorn: Nierenkranke haben aufgrund des hohen Ballaststoff- und Nährstoffgehalts von Vollkorn eine größere Auswahl an Möglichkeiten. Von Quinoa und Bulgur bis hin zu Farro und braunem Reis - dieses Kapitel informiert die Leser über die große Vielfalt an nährstoffreichen und nierenfreundlichen Getreidesorten. Diese Alternativen machen Gerichte nicht nur gesünder, sondern verbessern auch die Konsistenz und Bissfestigkeit von Speisen.

Innovative Gemüsewahl: Die farbenfrohe Hauptattraktion der Nierendiät, das Gemüse, motiviert zu neuartigen Lebensmitteln **Richtungen:** Methoden. In diesem Kapitel werden andere Gemüsesorten als die, die traditionell mit der Vorbeugung von Nierenschäden in Verbindung gebracht werden, besprochen. Es gibt eine Vielzahl von Gemüsesorten, von den Kreuzblütlern Brokkoli und Blumenkohl bis hin zu den saftigen Grüntönen von Grünkohl und Spinat, die es den Menschen ermöglichen, ihren Mahlzeiten eine breite Palette von Texturen und Geschmacksrichtungen hinzuzufügen.

Umfassende Grundnahrungsmittel: Bausteine für den kulinarischen Erfolg in der Nierenheilkunde

Unverzichtbare Vorratskammern: Die Grundlage einer guten Nierenküche ist eine gut gefüllte Vorratskammer. In diesem Abschnitt finden Sie einen vollständigen Katalog von Vorratskammern, die für eine Nierendiät geeignet sind. Aufgrund der Fülle an nierenfreundlichen Zutaten, von natriumarmen Brühen und Kräutern bis hin zu Vollkornprodukten und mageren Eiweißquellen, können die Menschen getrost neue Küchen entdecken.

Intelligentes Etikettenlesen: Ein entscheidender Teil der Verwaltung einer Speisekammer, die für Menschen mit Nierenproblemen sicher ist, besteht darin, zu lernen, klug einzukaufen. Dieses Kapitel bietet eine Anleitung zum effektiven Lesen von Etiketten, die es dem Leser ermöglicht, sachkundige Einkäufe zu tätigen. Die Kenntnis des Salz-, Kalium- und Phosphorgehalts auf den Lebensmitteletiketten ermöglicht es den Menschen, ihre Vorratshaltung auf ihre nierenbedingten Ernährungsbedürfnisse abzustimmen.

Strategische Lagerung und Organisation: Die strategische Lagerung und Anordnung der Vorratskammern trägt zur Effizienz der Nierenküche bei. Das Kapitel enthält Vorschläge für eine optimale Lagerung, die sicherstellt, dass die Komponenten ihre Frische und Nährstoffreinheit bewahren. Durch die Verwendung von luftdicht verschlossenen Behältern und eine gut organisierte Aufbewahrung kann jeder seine Küche zu einem Heiligtum für die Nierengesundheit machen.

Nach dieser kurzen Untersuchung von Ersatzprodukten und Alternativen wissen wir, dass die nierenfreundliche Küche eine Leinwand der Kreativität ist, die nur darauf wartet, bemalt zu werden. Mit Hilfe des Leitfadens für Ersatzprodukte, der Entdeckung nierenfreundlicher Alternativen und der ausführlichen Liste der Grundlagen der Speisekammer kann sich jeder auf ein kulinarisches Abenteuer begeben, das sowohl köstlich als auch gut für die Nieren ist.

Lassen Sie uns auf die vielfältigen und köstlichen Möglichkeiten der nierenfreundlichen Küche anstoßen, während wir unser kulinarisches Abenteuer fortsetzen. Weitere Anleitungen, hilfreiche Tipps und eine Fülle von Informationen werden in den folgenden Kapiteln gegeben, um die Leser bei ihrem Streben nach einer besseren Nierengesundheit und gastronomischer Zufriedenheit zu unterstützen.

Kapitel 6: Frühstücksrezepte

1. Tofu und Grünkohl-Rührei

- Vorbereitungszeit: 10 Min.
- Herstellung in: 10 Min.
- Portionen: 2

Zutaten:

- Frühlingszwiebeln -3
- schwarzer Pfeffer (1/2 g)
- fester Tofu - 1 Block
- gemahlene Kurkuma (2 g)
- Grünkohl (140 g)
- Olivenöl (30 ml)
- frische ganze Basilikumblätter (3 g)
- koscheres Salz -1 Prise
- Zitronensaft (4 ml)
- Cayennepfeffer (1/2 g)

Wegbeschreibung:

1. Trennen Sie die weißen und grünen Teile der Frühlingszwiebeln und schneiden Sie sie dann in dünne Scheiben.
2. Das Basilikum und den Grünkohl hacken.
3. Schneiden Sie den abgetropften Tofu in etwa eineinhalb Zentimeter große Stücke.
4. In einer größeren Schüssel den Tofu mit Cayennepfeffer, Kurkuma, 1/4 Teelöffel Salz und 1/2 Teelöffel schwarzem Pfeffer vermengen.
5. Vollständig vermengen, dann für später beiseite stellen.
6. Während das Öl erhitzt wird, eine große antihaftbeschichtete Pfanne bei mittlerer Hitze schön heiß werden lassen.
7. Die weißen Teile der Frühlingszwiebeln eine Minute lang unter Rühren anbraten, bis sie weich werden.
8. Etwa fünf Minuten lang unter gelegentlichem Rühren die Tofumischung zum Kochen bringen, bis sie anfängt, Farbe anzunehmen und wie Rührei aussieht.
9. Sobald der Spinat verwelkt ist, den Grünkohl, den Zitronensaft und 1/2 Teelöffel Salz hinzufügen und eine weitere Minute kochen lassen.
10. Nach etwa einer Minute in der Pfanne ist das Schalottengrün durchgewärmt und beginnt weich zu werden.
11. Den Herd ausschalten und das Basilikum hinzufügen, sobald die Pfanne abgekühlt ist. Nach Geschmack pfeffern und salzen.

Nährwertangaben [pro Portion]:

- Kcal 215
- Fett 16.3g
- Kohlenhydrate 14g
- Zucker 3.3g
- Eiweiß7,3g
- Kalium728mg
- Natrium 123 mg

2. Porridge

- Vorbereitungszeit: 10 Min.
- Machen Sie mit: 00 Min.
- Portionen : 4

Zutaten:

- trockene Haferflocken - 1 Tasse (40 g)
- Kokosnussmilch - 2 Tassen (480 ml)
- gehackte Walnüsse - (32 g)
- Ahornsirup (15 g)
- Apfel -1 groß

Wegbeschreibung:

1. Die Haferflocken und die Milch in einen Kochtopf geben.
2. Den Brei unter gelegentlichem Rühren zum Kochen bringen.
3. Um die Haferflocken weich und breiig zu machen, die Hitze reduzieren und die Haferflocken einige Sekunden lang kochen.
4. In Schalen geben und mit Muskatnuss, Bananenscheiben und Ahornsirup garnieren.

Nährwertangaben [pro Portion]:

- Kcal 431
- Fett 14,4 g
- Natrium 122 mg
- Kohlenhydrate 62.7g
- Zucker 28.8g
- Eiweiß17,1g
- Kalium 221 mg |

3. Energieriegel

- Vorbereitungszeit: 10 Min.
- Machen Sie mit: 00 Min.
- Portionen : 8

Zutaten:

- Honig (45 g)
- Haferflocken (80 g)
- Eier - 3 große

- Apfelmus (81 g)
- ungesalzene Erdnüsse, gehackt (45 g)
- Kokosraspeln (27 g)
- gemahlener Zimt (2 g)

Wegbeschreibung:

1. In einem vorgeheizten Ofen die Temperatur auf 325 Grad Fahrenheit (161 Grad Celsius) einstellen. Eine quadratische 9-Zoll-Pfanne sollte mit Frittieröl eingefettet werden.
2. Haferflocken, Kokosnuss, Schokoladenstückchen, Zimt und Erdnüsse in eine große Rührschüssel geben.
3. Die Eier in einer kleinen Rührschüssel leicht zerdrücken. Das Apfelmus und den Honig gründlich verrühren.
4. Mischen Sie alles zusammen, nachdem Sie die Eier zu den Haferflocken gegeben haben.
5. Geben Sie die **Zutaten:**in eine gefettete 9 x 9-Zoll-Form und drücken Sie sie gleichmäßig an.
6. In 40 Min. zubereiten. Sobald die Riegel abgekühlt sind, in Stücke schneiden.
7. Gekühlt und verschlossen ist es bis zu einer Woche haltbar.

Nährwertangaben [pro Portion]:

- Kcal 125
- Fett 5.3g
- Kohlenhydrate 15.9g
- Zucker 8.1g
- Eiweiß 4,8 g
- Kalium 110mg
- Natrium 29 mg

4. Blaubeer-Blast-Smoothie

- Vorbereitungszeit: 10 Min.
- Machen Sie mit: 00 Min.
- Portionen : 4

Zutaten:

- Eiweißpulver -. (90 g)
- 8 Eiswürfel
- Ananassaft (400 ml)
- Stevia -4 Päckchen
- gefrorene Heidelbeeren (145 g)

Wegbeschreibung:

1. Alle **Zutaten:**in einen Mixer geben und zu einer glatten Masse verarbeiten.

Nährwertangaben [pro Portion]:

- Kcal 253
- Fett 3g
- Kohlenhydrate 27.4g
- Zucker 88g
- Eiweiß 34g
- Kalium 420mg
- Natrium 85 mg

5. Heidelbeer-Lavendel-Limonade

- Vorbereitungszeit: 10 Min.
- Machen Sie mit: 00 Min.
- Portionen : 16

Zutaten:

- Kaltes Wasser
- Splenda-Süßstoff 30 g)
- Zitronensaft (240 ml)
- Wasser (480 ml)
- Kristallzucker (50 g)
- Heidelbeeren - (450 g)
- getrocknete Lavendelblüten (6 g)

Wegbeschreibung:

1. Stellen Sie einen Krug in der Größe einer Gallone mit vier Tassen Eis zur Seite. In einem mittelgroßen Topf zwei Tassen Wasser mit Lavendel, Zucker und Blaubeeren zum Kochen bringen. Es sollte etwa 5 Minuten dauern, bis die Blaubeeren und der Zucker kochen und die Beeren aufplatzen.
2. Die restliche Blaubeermischung kann in einem Krug auf Eis gegossen werden. Werfen Sie den Krug weg. Geben Sie etwas Splenda und Zitronensaft in einen Krug. Etwa die Hälfte sollte kaltes Wasser sein. Vollständig einrühren.

Nährwertangaben [pro Portion]:

- Kcal 32
- Fett 0,2g
- Kohlenhydrate 7.6g
- Zucker 6.8g
- Eiweiß 0,3 g
- Kalium 41mg
- Natrium 4 mg

6. Pfannkuchen

- Vorbereitungszeit: 10 Min.
- Herstellung in: 10 Min.
- Portionen :16

Zutaten:

- Eier -2
- Backpulver (6 g)
- Weinstein (4 g)
- Erdbeere-(304 g)
- Apfelmus, ungesüßt (488 g)
- Mandelmehl - 2 Tassen
- Rapsöl (15 ml)
- Mandelmilch (480 ml)

Wegbeschreibung:

1. Es ist wichtig, dass die Pfanne schön heiß ist, bevor man mit dem Kochen beginnt.
2. In einer Schüssel die trockenen Zutaten mischen.
3. Kombinieren Sie die Flüssigkeiten in einer großen Schüssel. Zuerst die flüssigen Komponenten mischen, dann die trockenen Komponenten hinzufügen.
4. Kochen mit Öl Geben Sie die **Pfannkuchenzutaten:**in einen 1/3-Tassen-Messbecher und gießen Sie sie in die Pfanne. Wenn sich an der Oberfläche der Pfannkuchen Blasen bilden, wenden Sie sie mit einem Spatel. Sobald sich die Mitte trocken anfühlt, das Fleisch umdrehen und die andere Seite anbraten.
5. Pfannkuchen schmecken fantastisch mit je einer halben Tasse Apfelmus und Erdbeeren.

Nährwertangaben [pro Portion]:

- Kcal 158
- Fett 8.7g
- Kohlenhydrate 17.4g
- Zucker 4.8g
- Eiweiß3.2g
- Kalium 156mg
- Natrium 447 mg

7. Obstsalat im Joghurtmantel

- Vorbereitungszeit: 10 Min.
- Machen Sie mit: 00 Min.
- Portionen :2

Zutaten:

- Mandarin-Orangen in leichtem Sirup, abgetropft (113 g)
- Apfel -1
- getrocknete Preiselbeeren (10 g)
- Erdbeeren - 6
- Griechischer Joghurt (170 g)
- grüne Weintrauben -10
- frische Ananasstücke -½ Tasse (82 g)

Wegbeschreibung:

1. Das Waschen der Erdbeeren, Trauben und Äpfel ist ein Muss.
2. Schneiden Sie den Apfel in mundgerechte Stücke.
3. Erdbeeren schneiden
4. Getrocknete Cranberries, Äpfel, Weintrauben, Mandarinen, Ananas und Rosinen unter den Joghurt mischen.
5. Versteck dich einfach für zwei Stunden.
6. In Scheiben geschnittene Erdbeeren sind eine schöne Garnierung.

Nährwertangaben [pro Portion]:

- Kcal 195
- Fett 1.7g
- Kohlenhydrate 37.4g
- Zucker 28g
- Eiweiß 9,9 g
- Kalium 451mg
- Natrium 43 mg

8. Couscous-Salat mit pikantem Dressing

- Vorbereitungszeit: 10 Min.
- Machen Sie mit: 00 Min.
- Portionen :4

Zutaten:

- Piment - 1 Teelöffel (4 g)
- rote Paprika (75 g)
- Zitronen, entsaftet - 2
- gehackte Möhren (60 g)
- gehackte gelbe Paprika (75 g)
- Olivenöl (15 ml)
- Gehackter Knoblauch (15 g)
- ganze Zuckerschoten (35 g)
- Couscous, trocken (173 g)
- gefrorener Mais (40 g)

- getrocknete Oreganoblätter (4 g)
- Salatgurken - 3

Wegbeschreibung:

1. Den Couscous nach Packungsanweisung zubereiten und in den Kühlschrank stellen.
2. Den gekühlten Couscous, die Karotten, die Zuckerschoten, den Mais, die roten und gelben Paprika, die Gurken und alle anderen Gemüsesorten, die Sie möchten, in eine große Schüssel geben.
3. Den Zitronensaft, das Olivenöl, die Gewürze, den getrockneten Oregano und den gehackten Knoblauch in einer kleinen Schüssel vermengen.
4. Nach dem Vermengen gekühlt servieren.

Nährwertangaben [pro Portion]:

- Kcal 273
- Fett 4,5g
- Kohlenhydrate 54g
- Zucker 7.2g
- Eiweiß 8,7 g
- Kalium 642mg
- Natrium 24 mg

9. Obstsalat Krautsalat

- Vorbereitungszeit: 10 Min.
- Herstellung in:00 Min.
- Portionen :6

Zutaten:

- Grünkohl (45 g)
- rote Äpfel (170 g)
- Möhren (30 g)
- Ananassaft (45 ml)
- Kokosnusszucker (8 g)
- Mayonnaise (58 g)

- Purpurkohl - (45 g)
- zerdrückte Ananas-(226 g)

Wegbeschreibung:

1. Äpfel ohne Schale werden gewürfelt. Die Möhren schälen und raspeln. Den Saft aus den Ananasstücken abgießen.
2. Zucker, Mayonnaise und 3 Esslöffel des reservierten Ananassaftes in einer separaten Schüssel mischen. Beiseite stellen.
3. Ananas, Äpfel, Kohl und Karotten in eine mittelgroße Schüssel geben und umrühren.
4. eine gehäufte Portion Mayonnaise.
5. Abdecken und zum Abkühlen in den Kühlschrank stellen.

Nährwertangaben [pro Portion]:

- Kcal 90
- Fett 3.4g
- Kohlenhydrate 15.9g
- Zucker 4.8g
- Eiweiß 0,6 g
- Kalium 127mg
- Natrium 76 mg

10. Pilzsuppe

- Vorbereitungszeit: 10 Min.
- Herstellung in: 10 Min.
- Portionen :6

Zutaten:

- Knoblauch -1 Zehe
- Champignons (340 g)
- Schalotten (85 g)
- Staudensellerie - 2 Stangen (80 g)
- Gemüsebrühe (960 ml)
- frischer Thymian -4 Tassen

- Mehl 75 g)
- Lorbeerblätter -2
- frisch gemahlener schwarzer Pfeffer (2 g)
- Kokosnussöl -45 ml)
- Kokosnuss-Joghurt (122 g)

Wegbeschreibung:

1. Um mit der Zubereitung der nierenfreundlichen Pilzsuppe zu beginnen, erhitzen Sie das Kokosnussöl in einer großen Pfanne oder einem Dutch Oven.
2. Gemahlenen schwarzen Pfeffer, Sellerie und Schalotten hinzugeben. Bei mäßig hoher Hitze anbraten.
3. 2 Minuten lang weiterrühren, bis die Mischung gebräunt ist und duftet.
4. Den Thermostat auf mittlere Stufe stellen. Den Knoblauch dazugeben und weitere zwei Minuten kochen lassen.
5. Die Champignonscheiben hineingeben. Die Pilze unter gelegentlichem Rühren 10 Min. köcheln lassen, bis die gesamte Flüssigkeit verdampft ist.
6. Das Mehl über die angebratenen **Zutaten** streuen. 1-2 Minuten unter Rühren bei mittlerer Hitze rösten.
7. Die Lorbeerblätter und Thymianzweige mit einer Tasse heißer Brühe vermischen. Die zusätzliche Flüssigkeit mit dem Schneebesen in die Pilzsuppe geben. Mit dem Schneebesen kräftig schlagen, damit sich alles gut verbindet.
8. Vergessen Sie nicht, die letzten zwei Tassen Brühe hinzuzufügen. Es dauert etwa 15 Minuten, bis die Pilzsuppe eindickt.
9. Thymian und Lorbeerblätter sollten entfernt werden.
10. Geben Sie die Flüssigkeit in einen Mixer oder verwenden Sie einen Pürierstab, um sie direkt im Topf zu mixen.
11. Alles zusammen so fein wie möglich pürieren.
12. Wenn Sie einen Mixer verwenden, geben Sie die Pilzsuppe zurück in den Topf. Nach dem Hinzufügen des Joghurts alles gründlich pürieren.
13. Nach dem Erreichen des Siedepunkts weitere vier Minuten kochen.
14. Die nierenfreundliche Pilzsuppe mit Kräutern oder Pilzscheiben garniert servieren.

Nährwertangaben [pro Portion]:

- Kcal 140
- Fett 7.3g

- Kohlenhydrate 14.7g
- Zucker 4,5 g
- Eiweiß4.2g
- Kalium467mg
- Natrium 113 mg

11. Einfache Kohlsuppe

- Vorbereitungszeit: 20 Minuten
- Herstellung in: 35 Min.
- Portionen :8

Zutaten:

- Hühnerbrühe (240 ml)
- frischer Thymian (8 g)
- Möhren - 2
- Tomaten -2
- Wasser (1440 ml)
- Zwiebel - ½
- Olivenöl (15 ml)
- Grünkohl - ½ Kopf
- Schwarzer Pfeffer, frisch gemahlen, zum Abschmecken
- Knoblauch (8 g)

Wegbeschreibung:

1. Das Olivenöl sollte in einem großen Topf auf mittlere bis hohe Temperatur erhitzt werden.
2. Die Zwiebel und den Knoblauch etwa 3 Minuten lang anbraten, bis sie weich sind.
3. Das Wasser, die Hühnerbrühe, die Tomaten und das Kraut unter Rühren zum Kochen bringen. Das Gemüse bei mittlerer Hitze etwa 30 Minuten köcheln lassen, bis es weich ist.
4. Die Suppe erhält ihren Geschmack durch gemahlenen schwarzen Pfeffer. Heiß serviert und mit Thymian bestreut.

Nährwertangaben [pro Portion]:

- Kcal 45
- Fett 2g
- Kohlenhydrate 6.7g
- Zucker 3.4g
- Eiweiß 1,2 g
- Kalium 220mg
- Natrium 113 mg

12. Huhn-Wildreis-Spargel-Suppe

- Vorbereitungszeit: 10 Min.
- Herstellung in: 20 Min.
- Portionen :8

Zutaten:

- ungesalzene Butter (56 g)
- Muskatnuss (1 g)\
- Allzweckmehl (62 g)
- ungesüßte Mandelmilch, nicht angereichert (960 ml)
- Zwiebel (58 g)
- Knoblauchzehen -3
- Langkorn- und Wildreismischung (138 g)
- frisch gemahlener Pfeffer (2 g)
- Spargel (268 g)
- Hühnerbrühe (960 ml)
- Salz - (2 g)
- Möhren (128 g)
- Thymian (2 g)
- gekochtes Hühnerfleisch (280 g)
- Lorbeerblatt -1

Wegbeschreibung:

1. Falls ein Salz- und Gewürzpäckchen beiliegt, entfernen Sie es, bevor Sie die Langkorn-Wildreis-Mischung wie auf der Packung angegeben kochen.
2. Den Herd ausschalten und den Reis bei geschlossenem Deckel weitere 15 Minuten dämpfen lassen. Zum Abkühlen beiseite stellen.

3. Das Gemüse vorbereiten: Zwiebel, Karotte und Spargel würfeln. Knoblauch in Scheiben schneiden.
4. Zwiebeln und Knoblauch in der geschmolzenen Butter in einem holländischen Ofen andünsten. Karotten, Kräuter und Gewürze. Das Gericht sollte bei mittlerer Hitze weich gekocht werden.
5. Die Mischung nach der Zugabe des Mehls etwa 10 Minuten lang köcheln lassen, dabei häufig umrühren.
6. Den Wermut und 4 Tassen Hühnerbrühe hinzufügen. Mit Hilfe eines Schneebesen verrühren, bis die Masse glatt ist.
7. Das gekochte Huhn in Würfel schneiden. Hähnchen und Spargel in die Suppenbasis geben, bevor die Mandelmilch nach und nach hinzugefügt wird. 20 Minuten lang auf kleiner Flamme kochen lassen.
8. Zum Schluss den gekochten Reis hinzufügen.

Nährwertangaben [pro Portion]:

- Kcal 241
- Fett 8.9g
- Kohlenhydrate 25.4g
- Zucker 1.7g
- Eiweiß14,2g
- Kalium 320mg
- Natrium 200 mg

13. Südwestlich gebackene Frühstückseierbecher

- 12 Portionen (1 Portion = 2,5 oz. oder 1 Eierbecher)
- Vorbereitungszeit: 20 Min.

Zutaten:

- 115 Gramm geschredderter Cheddar-Käse
- 885 Gramm gekochter Reis
- Grüne Chilischoten, gewürfelt, 115 Gramm
- 120 ml Milch (entrahmt)
- 60 g gehackte und abgetropfte Pimentkörner
- 2,5 ml gemahlener Kreuzkümmel
- 2 geschlagene Eier

- Kochspray (antihaftbeschichtet)
- 2,5 ml schwarzer Pfeffer

Wegbeschreibung

1. Reis, Chilis, Milch, 2 Unzen Käse, Pimentos, Kreuzkümmel, Eier, Pfeffer und Paprika vermengen.
2. Für die Muffinförmchen sollte Antihaft-Kochspray verwendet werden.
3. Die 12 Muffinförmchen mit einer gleichmäßigen Menge der Mischung füllen. Auf jedes Förmchen die letzten 2 Unzen geriebenen Käse geben.

Nährwert pro Portion

- Kcal; 109 kcal
- Eiweiß;5 g
- Natrium;79 mg
- Phosphor; 91 mg,
- Ballaststoffe; 0,5 g
- Kalium; 82 mg.

14. Mexikanisches Tortilla- und Eierpfannen-Frühstück

- 6 Portionen
- Vorbereitungszeit: 15 Min.

Zutaten:

- 2 dünn geschnittene grüne Zwiebeln
- 8 Eier
- Ketchup, 60 ml
- Chilipulver, 1 Teelöffel
- 1 Beutel (170 g) zerkleinerte, ungesalzene Tortilla-Chips
- 30 Gramm Butter

Wegbeschreibung

1. Um eine gleichmäßige Mischung zu gewährleisten, schlagen Sie die Eier auf.

2. Etwas Zwiebel- und Chilipulver sowie Ketchup hinzugeben. Um die Einheitlichkeit wiederherzustellen, schlagen Sie es gründlich. Dann beiseite stellen.
3. Die Butter in einer Pfanne zerlassen und die Sauté- und Tortilla-Chips bei niedriger bis mittlerer Hitze anbraten. Die Eier mit der Mischung verrühren, bis sie nach Belieben gekocht sind. Sofort auf heißen Tellern anrichten.

Nährwert pro Portion

- Kcal; 297 kcals,
- Eiweiß; 11 g,
- Natrium; 267 mg,
- Phosphor; 179 mg,
- Ballaststoffe; 2 g,
- Kalium; 152 mg.

15. Frisches Obstkompott

- 8 Portionen (Portionsgröße 1/2 Tasse)
- Vorbereitungszeit: 10 Min.

Zutaten:

- 60 g rote Himbeeren, entweder frisch oder tiefgekühlt
- 125 g Erdbeeren, entweder frisch oder gefroren
- 125 g in Scheiben geschnittene und geputzte Pfirsiche
- 125 g Brombeeren, entweder frisch oder tiefgefroren
- 1 Apfel, in kleine Würfel geschnitten
- 120 ml Orangensaft, frisch, aus der Dose oder ungesüßt
- 125 g gefrorene oder frische Heidelbeeren
- 1 Banane, geschält und in kleine Stücke geschnitten.

Wegbeschreibung

1. Geben Sie etwas Orangensaft in eine große Flasche.
2. Kombinieren Sie alle Elemente.
3. Halten Sie das Werfen leicht.

4. Wenn Sie gefrorene Früchte verwenden, lassen Sie sie vier Stunden bei Zimmertemperatur auftauen.

Nährwert pro Portion

- Kcal; 44 Kcal,
- Eiweiß;0,5 g,
- Natrium; 1 mg,
- Phosphor; 13 mg,
- Ballaststoffe; 1,6 g,
- Kalium; 140 mg.

Kapitel 7:
Rezepte für das Mittagessen

16. Lachs-Salat-Wrap

- Vorbereitung: 10 Min.
- Herstellung in: 5 Min.
- Portion: 2

Zutaten:

- Vier Vollweizentortillas
- 2 Dosen abgetropften Lachs in Dosen
- 60 Gramm fettarmer griechischer Joghurt
- 30 ml Dijon-Senf
- 1/4 Tasse gewürfelte Gurke
- Zwei Tassen Kopfsalatblätter
- 30 g geschnittene rote Zwiebel.

Wegbeschreibung:

1. Den Lachs in eine Schüssel geben und den griechischen Joghurt, den Dijon-Senf, die Gurke und die rote Zwiebel hinzufügen.
2. Den Lachssalat auf den Tortillas verteilen, dann die Salatblätter dazugeben.
3. Jede Tortilla straff aufrollen, halbieren und servieren.

Ernährung:

- Kcal: 340
- Eiweiß: 28g
- Fett: 10g
- Kohlenhydrate: 30g

17. Gebratenes Rindfleisch und Brokkoli

- Vorbereitung: 15 Min.
- Herstellung in: 20 Min.
- Portion: 4

Zutaten:

- 450 Gramm fein geschnittenes mageres Rindfleisch
- 200 Gramm Brokkoli-Röschen
- 60 ml natriumarme Sojasauce
- 2 gehackte Knoblauchzehen
- 1 Teelöffel gehackter Ingwer
- 30 ml Olivenöl.

Wegbeschreibung:

1. In einer Pfanne das Olivenöl bei mittlerer Hitze erhitzen.
2. Nach dem Hinzufügen das Rindfleisch unter Rühren anbraten, bis es gebräunt ist.
3. Sobald der Knoblauch und der Ingwer hinzugefügt wurden, eine ganze Minute lang kochen.
4. Brokkoli und Sojasauce sollten etwa fünf Minuten lang unter Rühren gebraten werden.
5. Die Füllung auf warmen Quinoa oder braunen Reis geben.

Ernährung:

- Kcal: 290
- Eiweiß: 25g
- Fett: 10g
- Kohlenhydrate: 20g

18. Putenfleisch-Avocado-Wrap

- Vorbereitung: 10 Min.
- Herstellung in: 5 Min.
- Portion: 2

Zutaten:

- Vier Vollweizentortillas
- 8 Truthahnbrust-Scheiben
- 1 in Scheiben geschnittene Avocado
- 1 Tasse Kopfsalatblätter
- 30 g fettarme Mayo.

Wegbeschreibung:

1. Etwas Mayonnaise auf einen Teller streichen und einige Tortillas auslegen.
2. Geben Sie etwas Truthahn, Avocado und Grünzeug dazu.
3. Die Füllung fest in eine Tortilla einwickeln, in zwei Hälften schneiden und servieren.

Ernährung:

- Kcal: 350
- Eiweiß: 20g
- Fett: 12g
- Kohlenhydrate: 40g

- Vorbereitungszeit: 15 min
- Herstellung in: 30 Minuten
- Reicht für: 4

Zutaten:

- 950 ml natriumarme Hühnerbrühe
- 2 Hühnerbrüste ohne Haut und ohne Knochen
- 185 Gramm weißer Reis
- 1 Tasse verschiedenes Gemüse (Karotten, Erbsen, Mais)
- Nach Geschmack: 2,5 ml Thymian und Pfeffer.

Wegbeschreibung:

1. Einen großen Topf mit Hühnerbrühe zum Kochen bringen.
2. Nach dem Hinzufügen der Hühnerbrüste zum Kochen bringen und 15-20 Minuten lang köcheln lassen.
3. Wenn das Hähnchen fertig gegart ist, aus dem Topf nehmen und mit einer Gabel zerkleinern.
4. Das Hühnerfleisch wird zerkleinert und zusammen mit dem Reis, dem Gemüse, dem Thymian und dem Pfeffer in die Pfanne gegeben.
5. Weitere 10-15 Minuten köcheln lassen, oder bis der Reis gar ist.
6. Noch heiß tranchieren.

Ernährung:

- Kcal: 280
- Eiweiß: 22g
- Fett: 2g
- Kohlenhydrate: 45g

20. Salat mit Spinat und Feta

- Vorbereitungszeit: 10 min
- Machen Sie mit: 0 min
- Reicht für: 2

Zutaten:

- 950 ml neuer Blattspinat
- 60 Gramm zerbröckelter Fetakäse
- 60 Gramm Nüsse, gehackt
- 60 ml Balsamico-Vinaigrette-Dressing.

Wegbeschreibung:

1. In einer großen Schüssel gehackte Mandeln, Fetakäse und Blattspinat vermischen.
2. Das Balsamico-Vinaigrette-Dressing kann über den Salat gegossen und vorsichtig untergemischt werden.
3. Rasch austeilen.

Ernährung:

- Kcal: 180
- Eiweiß: 6g
- Fett: 14g
- Kohlenhydrate: 9g

21. Gebratener Gemüse-Wrap

- Vorbereitungszeit: 15 min
- Herstellung in: 20 Minuten
- Reicht für: 2

Zutaten:

- Zwei Vollweizentortillas
- 400 g gebratenes Mischgemüse (z. B. Paprika, Zucchini, Auberginen)
- 50 ml Hummus
- 60 Gramm Ziegenkäse-Brösel
- Frische Basilikumblätter (optional)

Wegbeschreibung:

1. Die Vollkorntortillas in einer einzigen Schicht auf einem sauberen Schneidebrett anordnen.

2. Auf die Tortillas wird Hummus gegeben.
3. Das gebratene Gemüse und die Ziegenkäsekrümel miteinander vermischen.
4. Auf Wunsch können auch frische Basilikumblätter verwendet werden.
5. Die Tortillas in eine Serviette einwickeln und servieren.

Ernährung:

- Kcal: 330
- Eiweiß: 8g
- Fett: 14g
- Kohlenhydrate: 45g

22. Thunfischsalat-Sandwich

- Vorbereitungszeit: 10 min
- Machen Sie mit: 0 min
- Reicht für: 2

Zutaten:

- 2 Scheiben Vollkornbrot
- 142 g abgetropften natriumarmen Thunfisch (1 Dose, 5 Unzen)
- 60 ml fettarme Mayonnaise
- 30 Gramm gewürfelter Sellerie
- 30 g gewürfelte rote Zwiebel
- 30 g gewürfelte Essiggurken
- Salatblätter und Tomatenscheiben (optional)

Wegbeschreibung:

1. In einer Schüssel Thunfisch, fettarme Mayonnaise, Sellerie, rote Zwiebeln und Essiggurken vermengen. Alles gründlich durchmischen.
2. Die Vollkornbrotscheiben können nach Belieben getoastet werden.
3. Den Thunfischsalat auf eine Scheibe Brot streichen. Salat und Tomate können darauf gelegt werden. Die zweite Scheibe Brot darauf legen.
4. Das Sandwich sollte nach der Halbierung serviert werden.

Ernährung:

- Kcal: 250
- Eiweiß: 20g
- Fett: 8g
- Kohlenhydrate: 22g

23. Veggie-Delight-Salat

- Vorbereitungszeit: 15 min
- Machen Sie mit: 0 min
- Reicht für: 2

Zutaten:

- 475 ml gemischtes Grünzeug
- 1/4 einer roten Zwiebel, in dünne Scheiben geschnitten
- 125 ml Kirschtomaten, halbiert
- 60 ml Gurkenscheiben
- 60 ml nierenfreundliches Vinaigrette-Dressing

Wegbeschreibung:

1. In einer großen Schüssel den gemischten Salat mit den Kirschtomaten, Gurken und roten Zwiebeln mischen.
2. Nach dem Hinzufügen des nierenschonenden Vinaigrette-Dressings den Salat noch einmal durchschwenken, um sicherzustellen, dass alles gleichmäßig bedeckt ist.
3. Beginnen Sie sofort mit dem Servieren.

Ernährung:

- Kcal: 80
- Eiweiß: 2g
- Fett: 2g
- Kohlenhydrate: 14g

- Vorbereitungszeit: 10 Min.
- Herstellung in: 10 Min.
- Portionen : 4

Zutaten:

- Apfel -3/4
- Süße rote Paprika -2
- Stangensellerie, -2
- Pflanzenöl (30 mL)
- Garnelen ohne Kopf mit Schale (227 g)

Marinade

- Maisstärke (5 mL)
- Natriumarme Sojasauce (2,5 mL)
- Eine Prise weißer Pfeffer

Sauce

- Natriumarme Sojasauce (2,5 mL)
- Zucker (5 mL)
- Maisstärke (5 mL)
- Kaltes Wasser (30 mL)

Wegbeschreibung:

1. Die Adern und Schalen der Garnelen entfernen. Die Garnelen 30 Minuten lang in der oben genannten Mischung marinieren.
2. Die **Zutaten für die** Sauce:in eine separate Schüssel geben und gut vermischen. Niemals aufhören zu mischen, bevor die Arbeit erledigt ist.
3. Etwa ein Esslöffel Öl sollte in einer beschichteten Pfanne erhitzt werden. Nachdem die Garnelen unter Rühren gebraten wurden, bis sie rosa werden, sollten sie aus der Pfanne genommen werden.
4. Etwa einen Esslöffel Öl in einer Pfanne erhitzen, die nicht kleben bleibt. Unmittelbar bevor der Sellerie gar ist, den Apfel und den roten Pfeffer hinzufügen.

Sobald die Soße anfängt einzudicken, die Garnelen hinzufügen und ständig umrühren. in der Lage, sofort zu helfen.

Ernährung:

- Kcal 121
- Fett 8.6g
- Natrium 77 mg
- Kohlenhydrate 11.7g
- Zucker 6,6g
- Eiweiß 1g
- Kalium 97mg

25. Bratäpfel mit Kirschen und Mandeln

- Vorbereitungszeit: 10 Min.
- Herstellung in: 10 Min.
- Portionen :6

Zutaten:

- gemahlener Zimt (2 g)
- Weizenkeime (15 g)
- brauner Zucker (15 g)
- gemahlene Muskatnuss (1/2 g)
- kleine Golden Delicious-Äpfel -6
- getrocknete Kirschen, grob zerkleinert -1/3 Tasse
- Apfelsaft (120 ml)
- dunkler Honig -(30 g)
- Wasser (60 ml)
- Walnussöl oder Rapsöl (8 g)
- gehackte Mandeln (45 g)

Wegbeschreibung:

1. Den Backofen auf 375 Grad F. (176 C.) vorheizen.
2. Muskatnuss, Zimt, braunen Zucker, Weizenkeime, Mandeln und Kirschen in einer kleinen Schüssel vermischen. Beiseite stellen.

3. Äpfel können entweder mit oder ohne Schale gegessen werden. Um sicherzustellen, dass sich die Reihen mit Apfelfleisch und die Reihen mit Schale abwechseln, verwenden Sie am besten einen Gemüseschäler oder ein scharfes Messer, um die Schale von jedem Apfel in einer kreisförmigen Bewegung zu entfernen, wobei Sie jede zweite Reihe auslassen. Beginnen Sie mit dem Entkernen des Apfels am Stielende und hören Sie etwa nach drei Vierteln des Weges auf.

4. Nachdem Sie die Kirschmischung gleichmäßig verteilt haben, drücken Sie sie vorsichtig in jedes Loch in den Äpfeln. Geben Sie die Äpfel in eine große, schwere Bratpfanne, die gerade groß genug ist, um sie aufrecht zu halten, oder in eine kleine, ofenfeste Auflaufform. Für dieses Rezept werden sowohl Wasser als auch Apfelsaft benötigt. Wickeln Sie die gesamte Auflaufform in Alufolie ein, nachdem Sie die Äpfel mit Honig und Öl eingepinselt haben. Für ein optimales Ergebnis sollten Sie die Äpfel nach 50-60 Minuten Backzeit mit einem Messer untersuchen.

5. Beim Servieren den Saft aus der Pfanne über die Äpfel träufeln. Das Gericht kann sowohl warm als auch kalt serviert werden.

Ernährung:

- Kcal 159
- Fett 2.6g
- Kohlenhydrate 31.9g
- Zucker 1.8g
- Eiweiß 1,3 g
- Kalium 300 mg
- Natrium 3 mg

26. Pikanter Buchweizenpilaw mit gerösteten Gewürzen

- Vorbereitungszeit: 10 Min.
- Herstellung in: 10 Min.
- Portionen :6

Zutaten:

- gehackter frischer Koriander (Koriander) -(2 g)
- Olivenöl (15 ml)
- gemahlener Kardamom (1 g)
- Kreuzkümmelsamen (2 g)

- Knoblauchzehe -3
- Salz (1 g)
- Buchweizengrütze (120 g)
- Zwiebel -1
- Tomate -1
- Gemüsefond oder Brühe (480 ml)
- Senfkörner (2 g)

Wegbeschreibung:

1. In einem Topf das Olivenöl bei niedriger Hitze schmelzen. Die Zwiebel hinzufügen und 4 Minuten lang erhitzen, bis die Zwiebel weich und durchsichtig ist. Dann die Buchweizengrütze, den Knoblauch, die Senfkörner, den Kreuzkümmel, den Kardamom und die anderen Gewürze einrühren. Nach drei Minuten ständigem Rühren geben die Gewürze und der Knoblauch ihr herrliches Aroma ab, und der Buchweizen beginnt zu rösten.
2. Vorsichtig die Brühe hinzugeben. Sobald sie kocht, die Hitze auf mittlere bis niedrige Stufe reduzieren und zugedeckt 10 Minuten köcheln lassen, oder bis die gesamte Flüssigkeit aufgesogen ist. Den Topf vom Herd nehmen, abdecken und zwei Minuten lang ruhen lassen.
3. Dort befinden sich Salz und eine Tomate. Sobald der Koriander eingearbeitet ist, auf eine Servierplatte geben. Rasch auftischen.

Ernährung:

- Kcal 114
- Fett 3.6g
- Kohlenhydrate 17.3g
- Zucker 1.8g
- Eiweiß 4,7 g
- Kalium 249mg
- Natrium 259 mg

27. Vegane Fettuccine Alfredo

- Vorbereitungszeit: 10 Min.
- Herstellung in: 10 Min.
- Portionen :6

Zutaten:

- weiße Bohnen mit niedrigem Natriumgehalt (425 g)
- Zwiebel, gewürfelt -½ mittelgroß
- Knoblauch, gehackt - 4 Nelken
- Vollkornnudeln (226 g)
- Basilikum getrocknet (10 g)
- Reismilch (420 ml)
- gefrorene Baby-Erbsen (290 g)

Wegbeschreibung:

1. Bei der Zubereitung von Nudeln nach Packungsanweisung darf das Kochwasser nicht gesalzen werden.
2. Die gefrorenen Erbsen in ein Sieb geben, das groß genug ist, um die gekochten Nudeln aufzunehmen.
3. Wenn die Nudeln gar sind, die Erbsen mit kochendem Wasser übergießen und abtropfen lassen.
4. Das Öl und die Zwiebeln in eine große Pfanne geben und bei mittlerer Hitze anbraten. Die Zwiebeln müssen sautiert werden, bis sie glasig werden. Nach dem Hinzufügen des Knoblauchs noch eine Minute weiterbraten. Dann geben wir etwas Basilikum und Reismilch hinzu. 3-4 Minuten auf kleiner Flamme kochen lassen.
5. Wir pürieren einige weiße Bohnen und werfen sie in den Topf. Nach dem Umrühren noch zwei Minuten kochen, damit sich die Bohnen mit der Reismilch verbinden.
6. Kombinieren Sie die Nudeln und das Gemüse. Warten Sie eine Weile, bis das Essen abgekühlt ist, sobald Sie es vom Herd nehmen. Wenn die Nudeln abkühlen, wird die Soße dickflüssiger und klebt an ihnen fest. Vor dem Servieren umrühren.
7. Viel Spaß!

Ernährung:

- Kcal 239
- Fett 1.9g
- Kohlenhydrate 48g
- Zucker 5.8g
- Eiweiß 8,8 g

- Kalium 208mg
- Natrium 39 mg

28. Tofu-Finger

- Vorbereitungszeit: 10 Min.
- Herstellung in: 10 Min.
- Portionen :3

Zutaten:

- fester Tofu (340 g)
- Gewürz (Knoblauchpulver, Curry, Paprika oder anderes Gewürz) (4 g)
- Tamari-Sauce (4 ml)
- Cornflakeskrümel (14 g)
- Wasser (30 ml)

Wegbeschreibung:

1. Tamari und Wasser in einer kleinen Schüssel mischen.
2. In einer separaten Schüssel die Cornflakeskrümel mit den Gewürzen vermischen.
3. Das Tamari kommt hinein, bevor die Gewürzmischung zum Überziehen des Tofus verwendet wird.
4. Ein Backblech leicht einölen und die Tofuscheiben in einer einzigen Schicht anordnen.
5. Beide Seiten bei 350 Grad Fahrenheit (176 Grad Celsius) 20 Minuten lang anbraten.

Ernährung:

- Kcal 109
- Fett 5.3g
- Kohlenhydrate 7.1g
- Zucker 1.3g
- Eiweiß 10,9 g
- Kalium 191mg
- Natrium 113 mg

- Vorbereitungszeit: 10 Min.
- Herstellung in: 10 Min.
- Portionen :6

Zutaten:

- Bund Grünkohl -1 groß (85 g)
- Spaghettikürbis -1 groß
- rote Chiliflocken (2 g)
- Parmesankäse (14 g)
- Oregano-Blätter (8 g)
- Olivenöl (30 ml)
- Knoblauch -2

Wegbeschreibung:

1. Stellen Sie den Ofen auf eine Temperatur von 350 Grad Fahrenheit (176 Grad Celsius).
2. Den Spaghettikürbis in der Mitte der Länge nach aufschneiden. Die Kerne mit einem großen Löffel entfernen und wegwerfen.
3. Den Spaghettikürbis auf ein umrandetes Backblech legen und mit 2 Esslöffeln Olivenöl extra vergine beträufeln. Verwenden Sie Gewürze wie Knoblauch, Oregano und rote Paprikaflocken. Drehen Sie die Kürbisse um, so dass die Schnittseite jetzt sichtbar ist (dadurch werden sie schneller gar). Etwa 45 Minuten in der Mitte des Ofens sollten ausreichen, damit eine Gabel das Fruchtfleisch des Kürbisses leicht einstechen kann. Lassen Sie ihn etwa fünf Minuten lang abkühlen. Die Kürbishälften mit einer großen Schaufel und einer Gabel von den Fasern befreien und auf eine große Servierplatte legen. Die Stränge vorsichtig durchschwenken, bis sie wie Spaghetti aussehen.
4. Wenn Sie den Grünkohl gewaschen haben, schneiden Sie die Stiele ab und schwenken sie. Große, leckere Stücke der Blätter sollten in Scheiben geschnitten werden (etwa 1 Zoll). Trocknen Sie alles mit einer Salatschleuder ab. Geben Sie das Grünzeug in eine große Schüssel. Verwenden Sie das restliche Olivenöl, etwa einen Teelöffel, um die Blätter leicht zu bestreichen. Verteilen Sie die Blätter gleichmäßig auf zwei mit einem Rand versehene Backbleche. Nach 13 Minuten Bratzeit sind die Blätter knackig und leuchtend grün. Beiseite stellen.

5. Die Grünkohlchips über den Spaghettikürbis streuen und servieren. Mit etwas Salz, Pfeffer und Parmesan abschmecken.

Ernährung:

- Kcal 58
- Fett 5.2g
- Natrium 221 mg
- Kohlenhydrate 2.2g
- Zucker 18g
- Eiweiß 1,2 g
- Kalium 82 mg

30. Gekochte Penne mit Spargel

- Vorbereitungszeit: 10 Min.
- Herstellung in: 10 Min.
- Portionen :6

Zutaten:

- Butter (30 g)
- Olivenöl (30 ml)
- Parmesankäse (7 g)
- Zitronensaft (8 ml)
- Knoblauch - 6 Zehen
- Spargel (450 g)
- rote Paprikaflocken (1/2 g)
- schwarzer Pfeffer (2 g)
- Vollkorn-Penne-Nudeln, ungekocht (226 g)
- scharfe Sauce (1 g)

Wegbeschreibung:

1. Befolgen Sie die Anweisungen auf der Verpackung, um die Nudeln zu kochen, ohne Salz hinzuzufügen.
2. Die Enden des Spargels sollten auf eine Länge von 2 cm gekürzt werden. gehackter Knoblauch

3. Butter und Öl bei mittlerer Hitze in einer ausreichend großen Pfanne schmelzen. Sobald der Knoblauch und die Paprikaflocken hinzugefügt wurden, noch ein oder zwei Minuten weiterbraten.
4. Tabasco-Sauce, Zitronensaft und schwarzen Pfeffer in einer Pfanne vermengen und den Spargel darin schwenken. Nach nur 6 Minuten Garzeit ist der Spargel nicht mehr knackig, sondern zart.
5. Nach dem Abgießen die Spaghetti in eine Schüssel geben. Einfach den Spargel hineinwerfen.
6. Vor dem Servieren einige Käseraspeln darüber streuen.

Ernährung:

- Kcal 234
- Fett 10.9g
- Kohlenhydrate 30.7g
- Zucker 1.8g
- Eiweiß 8,3 g
- Kalium 171mg
- Natrium 60 mg

31. Gegrillter Lachs mit Kräutern und Zitrone

- Vorbereitungszeit: 15 Minuten
- Herstellung in: 10 Min.
- Reicht für: 4

Zutaten:

- 4 Lachsfilets (je ca. 170 g)
- 30 ml Olivenöl
- 5 ml getrockneter Oregano
- 5 ml getrockneter Thymian
- 5 ml Knoblauchpulver
- 5 ml Zwiebelpulver
- Schale von 1 Zitrone
- Saft von 1 Zitrone
- Salz und Pfeffer nach Geschmack

Wegbeschreibung:

1. Der Grill sollte auf etwa mittlere Temperatur erhitzt werden.
2. Olivenöl, getrockneter Oregano, getrockneter Thymian, Knoblauchpulver, Zwiebelpulver, Zitronenschale und frischer Zitronensaft werden in einer kleinen Schüssel vermischt.
3. Die Lachsfilets trocken tupfen und mit der Kräutermischung bestreichen.
4. Die Filets mit etwas Salz und Pfeffer bestreuen.
5. Den Lachs 4 bis 5 Minuten pro Seite auf dem heißen Grill garen, oder bis er mit einer Gabel leicht zerfällt.
6. Nehmen Sie es vom Grill und lassen Sie es vor dem Servieren etwas abkühlen.

Ernährung:

- Kcal: 320kcal,
- Eiweiß: 34 g,
- Kohlenhydrate: 2g,
- Fett: 20g,
- Ballaststoffe: 0,5g

32. Gefüllte Paprikaschoten mit Quinoa und Gemüse

- Vorbereitungszeit: 20 Minuten
- Herstellung in: 30 Min.
- Reicht für: 6

Zutaten:

- 185 Gramm Quinoa, abgespült
- 475 ml natriumarme Gemüsebrühe
- 6 Paprikaschoten, halbiert und entkernt
- 1 Dose (ca. 425 g) schwarze Bohnen, abgetropft und abgespült
- 150 g Maiskörner (frisch oder gefroren)
- 150 g Kirschtomaten, halbiert
- 150 g gewürfelte Zucchini
- 5 ml Kreuzkümmel
- 5 ml geräucherter Paprika
- Salz und Pfeffer nach Geschmack

* 100 g geriebener fettarmer Cheddar-Käse

Wegbeschreibung:

1. Den Backofen auf 190°C (375°F) vorheizen.
2. Die Quinoa und die Gemüsebrühe in einen mittelgroßen Topf geben und erhitzen. Sobald die Brühe kocht, die Hitze reduzieren, abdecken und die Quinoa 15 Minuten lang köcheln lassen.
3. Gekochte Quinoa, schwarze Bohnen, Mais, Kirschtomaten, Zucchini, Kreuzkümmel, geräuchertes Paprikapulver, Salz und Pfeffer sollten in einer großen Schüssel vermischt werden.
4. Die Quinoa-Mischung auf die Paprikahälften in einer Auflaufform verteilen.
5. Die gefüllten Paprikaschoten sollten mit geriebenem Cheddar-Käse bestreut werden.
6. Um die Paprika im vorgeheizten Ofen zu garen, legen Sie sie auf ein Backblech und backen sie 25-30 Minuten lang.

Ernährung:

* Kcal: 280kcal,
* Eiweiß: 15 g,
* Kohlenhydrate: 45g,
* Fett: 5g,
* Ballaststoffe: 8g

33. Zitronen-Rosmarin-Hähnchenspieße

* Vorbereitungszeit: 20 Minuten
* Herstellung in: 15 Min.
* Reicht für: 5

Zutaten:

* 680 g Hähnchenbrust ohne Knochen und Haut, in Würfel geschnitten
* 45 ml Olivenöl
* 30 g frischer Rosmarin, gehackt
* Schale von 2 Zitronen
* Saft von 2 Zitronen

- 2 Knoblauchzehen, gehackt
- Salz und Pfeffer nach Geschmack
- 1 große rote Zwiebel, in Würfel geschnitten
- 1 rote Paprika, in Würfel geschnitten
- 1 gelbe Paprika, in Würfel geschnitten

Wegbeschreibung:

1. Olivenöl, Knoblauch, gehackten Rosmarin, Zitronenschale, Zitronensaft, Salz und Pfeffer in einer Schüssel vermengen.
2. Die Hähnchenwürfel vor der Verwendung mindestens 15 Minuten lang marinieren.
3. Bereiten Sie einen Grill oder eine Grillpfanne vor, indem Sie sie auf mittlere bis hohe Temperaturen vorheizen.
4. Hähnchen, rote Zwiebeln und marinierte Paprikaschoten aufspießen.
5. Die Spieße auf dem heißen Grill 5 bis 7 Minuten auf jeder Seite garen, oder bis das Hähnchen in der Mitte nicht mehr rosa ist.
6. Die Spieße können über erhitztem braunem Reis oder als Beilage zu Ihrem bevorzugten nierenfreundlichen Gemüse serviert werden.

Ernährung:

- Kcal: 320kcal,
- Eiweiß: 30 g,
- Kohlenhydrate: 10g,
- Fett: 18g,
- Ballaststoffe: 2g

Kapitel 7: Rezepte für Abendessen

34. Gebackener Lachs mit Zitronen-Dill-Sauce

- Vorbereitung: 15 Min.
- Herstellung in: 25 Min.
- Portion: 4

Zutaten:

- 4 Lachsfilets
- Saft und Schale von 2 Zitronen
- 30 ml Olivenöl
- 2 Esslöffel gehackter frischer Dill
- Pfeffer nach Geschmack

Wegbeschreibung:

1. Zum Vorheizen wird eine Ofentemperatur von 190°C (375F) empfohlen.
2. Lachsfilets auf ein Backblech legen.
3. Dill, Pfeffer, Olivenöl, Zitronensaft und Zitronenschale miteinander verrühren.
4. Die Sauce über den Fisch geben.

5. Den Lachs 20 Minuten lang backen, oder bis das Fleisch leicht auseinanderfällt.

Ernährung:

- Kcal: 320
- Eiweiß: 32g
- Fett: 18g
- Kohlenhydrate: 4g

35. Huhn und Reisauflauf

- Vorbereitung: 20 Min.
- Herstellung in: 40 Min.
- Portion: 6

Zutaten:

- 380 Gramm brauner Reis, gekocht
- 380 Gramm gekochte und zerkleinerte Hühnerbrust
- 240 ml salzarme Hühnerbrühe
- 150 Gramm Erbsen
- 60 g geriebener fettarmer Cheddar-Käse
- 2,5 ml Thymian

Wegbeschreibung:

1. Stellen Sie die Ofentemperatur auf 350 Grad Fahrenheit (175 Grad Celsius) ein.
2. Reis, Huhn, Erbsen und die Hälfte des Käses in einer Auflaufform mischen.
3. Nachdem Sie den Pfeffer und den Thymian hinzugefügt haben, gießen Sie die Hühnerbrühe darüber.
4. Mit dem restlichen Käse bestreuen.
5. 30-35 Minuten im Ofen backen, bis der Käse blubbert und golden wird.

Ernährung:

- Kcal: 290
- Eiweiß: 25g
- Fett: 7g

- Kohlenhydrate: 30g

36. Krabben-Gemüse-Rührbraten

- Vorbereitung: 15 Min.
- Herstellung in: 20 Min.
- Portion: 4

Zutaten:

- 450 g große, geschälte und entdarmte Garnelen
- 380 Gramm verschiedenes Gemüse (Brokkoli, Karotten, Paprika)
- 60 ml natriumarme Rührbratensauce
- 2 gehackte Knoblauchzehen
- 5 ml gehackter Ingwer
- 30 ml Rapsöl

Wegbeschreibung:

1. Das Rapsöl in einer großen Pfanne oder einem Wok erhitzen.
2. Die Garnelen unter Rühren anbraten, bis sie rosa werden, und vom Herd nehmen.
3. Karotten, Ingwer und Knoblauch sollten zusammen unter Rühren gebraten werden, bis sie weich sind.
4. Die Garnelen wieder in die Pfanne geben, die Rührbratensauce dazugeben und weitere 2 Minuten köcheln lassen.
5. Stark erhitzen und über gekochten braunen Reis oder Vollkornnudeln servieren.

Ernährung:

- Kcal: 270
- Eiweiß: 25g
- Fett: 10g
- Kohlenhydrate: 20g

- Vorbereitungszeit: 10 min
- Machen Sie mit: 0 min
- Dient: 1

Zutaten:

- 1 Vollweizentortilla
- 56 Gramm in Scheiben geschnittene Putenbrust
- 1/4 Avocado in Scheiben geschnitten
- 50 ml gemischtes Grünzeug
- 15 ml natriumarme Mayo

Wegbeschreibung:

1. Legen Sie die Vollweizentortilla flach auf einen sauberen Tisch.
2. Avocado und gemischtes Grün auf der Tortilla verteilen und mit dem Truthahn belegen.
3. Die Füllungen sollten mit natriumarmer Mayonnaise bestrichen werden.
4. Die Füllung in die Tortilla einwickeln und die Ränder bei Bedarf mit Zahnstochern sichern.
5. Servieren Sie die Hälften, nachdem Sie sie halbiert haben.

Ernährung:

- Kcal: 300
- Eiweiß: 20g
- Fett: 13g
- Kohlenhydrate: 25g

38. Gegrilltes Huhn und Gemüsesalat

- Vorbereitungszeit: 15 min
- Herstellung in: 15 Minuten
- Reicht für: 2

Zutaten:

- 2 Hühnerbrüste ohne Haut und ohne Knochen
- 475 ml gemischtes Grünzeug
- Rote und gelbe Paprikaschoten in Scheiben geschnitten
- 1/4 rote Zwiebel
- 30 ml Balsamico-Vinaigrette-Dressing

Wegbeschreibung:

1. Die Hitze des Grills sollte auf mittelhoch eingestellt sein.
2. Die Hähnchenbrüste sollten nach 6-7 Minuten auf jeder Seite durchgebraten sein.
3. Für die Hähnchenstreifen warten Sie, bis das Hähnchen abgekühlt ist.
4. In einer großen Schüssel gemischtes Grünzeug, gelbe Zwiebeln und rote Zwiebeln vermengen.
5. Hähnchen grillen und darauf legen.
6. Das Balsamico-Vinaigrette-Dressing kann über den Salat gegossen und vorsichtig untergemischt werden.
7. Rasch austeilen.

Ernährung:

- Kcal: 280
- Eiweiß: 30g
- Fett: 6g
- Kohlenhydrate: 20g

39. Süßkartoffel-Schwarzbohnen-Wrap

- Vorbereitungszeit: 20 Minuten
- Herstellung in: 20 Minuten
- Reicht für: 2

Zutaten:

- 2 Vollkorntortillas
- 1 große Süßkartoffel, nach dem Schälen in Würfel geschnitten
- 1 Dose (ca. 425 g) schwarze Bohnen, gewaschen und abgetropft

- 120 ml griechischer Naturjoghurt
- 2,5 ml Kreuzkümmel
- 30 g frischer Koriander, grob geschnitten.

Wegbeschreibung:

1. Es wird empfohlen, den Ofen auf 400 Grad Fahrenheit (200 Grad Celsius) vorzuheizen. Pfeffer und Olivenöl mit den Süßkartoffelwürfeln vermischen.
2. In den Ofen schieben und 20 Minuten lang backen, bis sie weich sind.
3. Den griechischen Joghurt, den Kreuzkümmel und den Pfeffer in einer kleinen Schüssel verrühren.
4. Die Vollkorntortillas in einer einzigen Schicht auf einem sauberen Schneidebrett anordnen.
5. Die Tortillas mit der Joghurtmischung bestreichen.
6. Mit gerösteten Süßkartoffelstückchen, schwarzen Bohnen und Koriander.
7. Die Tortillas in eine Serviette einwickeln und servieren.

Ernährung:

- Kcal: 380
- Eiweiß: 16g
- Fett: 2g
- Kohlenhydrate: 75g

40. Mit Krabben gefüllte Teufels-Eier

- Vorbereitungszeit: 10 Min.
- Herstellung in: 10 Min.
- Portionen : 6

Zutaten:

- Eier, hart gekocht -6
- Mayonnaise (21 g)
- Senf (2 g)
- gekochte Garnelen (40 g)
- Zitronensaft (2 ml)
- schwarzer Pfeffer (1 g)

Wegbeschreibung:

1. Hartgekochte Eier der Länge nach halbieren. Das Eigelb vorsichtig herauslösen und in eine Schale geben.
2. Zu den fein gewürfelten Garnelen Eigelb, Senf, Mayonnaise, Zitronensaft, Pfeffer und Salz hinzufügen. Alles gründlich miteinander vermengen.
3. Garnelen und Eigelb in die Eiweißhälften füllen.

Ernährung:

- Kcal 91
- Fett 6g
- Kohlenhydrate 1.3g
- Zucker 0,2g
- Eiweiß 8g
- Kalium 83mg
- Natrium 103 mg

41. Gegrillte mexikanische Schwertfischfilets

- Vorbereitungszeit: 10 Min.
- Herstellung in: 10 Min.
- Portionen: 6

Zutaten:

- frischer Koriander (1 g)
- Serrano-Chili -1
- Pflanzenöl (15 ml)
- frischer Limettensaft (60 ml)
- Zwiebel (40 g)
- Schwertfischfilets (680 g)
- Zucker (15 g)
- Kalk -1
- Salz (1 g)
- Knoblauchzehen -2

Wegbeschreibung:

1. Bereiten Sie einen Zwiebelsalat zu. Die Chipotle entkernen und in grobe Stücke schneiden.
2. Bereiten Sie eine ofenfeste Form für den Fisch vor.
3. Die folgenden **Zutaten:** Koriander, Zwiebel, Zucker, Chili, Limettensaft, Öl und 1/4 Teelöffel Salz.
4. Der Fisch wird dann umgedreht, um die Koriandermischung aufzunehmen. Mindestens 30 Minuten im Kühlschrank marinieren, dabei einmal wenden.
5. Werfen Sie den Holzkohle- oder Gasgrill an.
6. Den Fisch insgesamt 5 Minuten grillen, oder bis er mit einer Gabel leicht zerfällt.
7. Die Limette sollte in Spalten geschnitten sein. Fisch mit Limettenspalten garnieren.

Ernährung:

- Kcal 149
- Fett 6.2g
- Kohlenhydrate 3g
- Zucker 2.3g
- Eiweiß 19,3 g
- Kalium 296mg
- Natrium 183 mg

42. Einfache Garnelen in Knoblauchsoße

- Vorbereitungszeit: 10 Min.
- Herstellung in: 10 Min.
- Portionen : 4

Zutaten:

- Weißwein (25 ml)
- Kaffeesahne halb und halb (60 g)
- schwarzer Pfeffer (1/2 g)
- frisches Basilikum (12 g)
- 120 ml geschlagener Frischkäse
- Bowtie-Nudeln, ungekocht (226 g)
- rohe Garnelen (450 g)

* Zwiebel (60 g)
* ungesalzene Butter 45 g)
* Knoblauchzehen -3

Wegbeschreibung:

1. Die Adern und Schalen der Garnelen entfernen.
2. Ein großer Topf sollte mit 3 Litern Wasser zum Kochen gebracht werden. Die empfohlene Kochzeit für getrocknete Bowtie-Nudeln beträgt 12 Minuten.
3. Während die Nudeln kochen, den Knoblauch und die Zwiebel hacken. Die Butter auf kleiner bis mittlerer Flamme schmelzen lassen. Die Zwiebel und den Knoblauch eine Minute lang kochen lassen.
4. Die Garnelen sollten aus der Pfanne genommen und beiseite gestellt werden. Reduzierte Temperatur. Aus Frischkäse, Zwiebeln, Knoblauch und Butter kann eine Soße hergestellt werden.
5. Sahne und Halbfett unterrühren. Etwas Wein hinzugeben und gut umrühren. Gekochte Garnelen wieder in die Sauce geben und umrühren.
6. Nachdem die Nudeln gekocht und abgetropft sind, sollte die Knoblauch-Garnelen-Sauce gleichmäßig auf vier Teller verteilt werden. Zum Würzen wird 1/2 Esslöffel fein gehacktes frisches Basilikum und schwarzer Pfeffer hinzugefügt.

Ernährung:

* Kcal 458
* Fett 12.1g
* Natrium 143 mg
* Kohlenhydrate 47.7g
* Zucker 2.2g
* Eiweiß 37,4 g
* Kalium 281mg

43. Gegrillter Lachs mit Kräuterkruste

* Vorbereitungszeit: 10 Min.
* Herstellung in: 10 Min.
* Portionen : 4

Zutaten:

- Knoblauchzehe - 1
- grüne Zwiebel (25 g)
- Zitronensaft (15 ml)
- Salz (1 g)
- Koriander (3 g)
- schwarzer Pfeffer (1 g)
- Olivenöl (15 ml)
- Lachsfilets ohne Haut (340 g)
- Oregano (24 g)

Wegbeschreibung:

1. Bereiten Sie einen heißen Grill oder Ofen vor, indem Sie ihn auf 400 Grad F. (204 C) vorheizen.
2. Legen Sie den Fisch in Alufolie ein (wenn Sie tiefgefrorenen Lachs verwenden, achten Sie darauf, dass er vollständig aufgetaut ist).
3. Knoblauch, Frühlingszwiebeln, Oregano und Koriander zu einem feinen Pulver hacken. Pfeffer, Salz, Olivenöl und Zitronensaft in einer Küchenmaschine vermengen.
4. Die Kräutermischung großzügig über die Lachsfilets träufeln.
5. Es ist wichtig, die Folienverpackungen mit den Filets luftdicht zu verschließen.
6. Die Folienpakete auf eine Grillpfanne oder ein Backblech legen.
7. 30 Min. im Ofen oder 6-8 Min. auf dem Grill, je nach Dicke.

Ernährung:

- Kcal 213
- Fett 13,8g
- Natrium 53 mg
- Kohlenhydrate 6.7g
- Zucker 0,2g
- Eiweiß17,4g
- Kalium 184mg

- Vorbereitungszeit: 10 Min.
- Herstellung in: 10 Min.
- Portionen : 4

Zutaten:

- Limettensaft (60 ml)
- Salatgurke -1
- Garnele -32
- Olivenöl (30 ml)
- Salz (1/2 g)
- Jalapeno-Chili (6 g)
- frischer Koriander (6 g)
- rote Paprika (45 g)
- grüne Zwiebel -1
- Knoblauchzehe -1

Wegbeschreibung:

1. Die Zwiebel in Scheiben schneiden und den Koriander hacken. Chilischoten, Knoblauch und Paprikaschoten klein hacken. Die Gurken in dünne Scheiben schneiden.
2. Bereiten Sie die Garnelen vor, indem Sie die Schalen und Adern entfernen.
3. Limettensaft, Öl, Knoblauch, Salz, Koriander und Jalapeño sollten in einer mittelgroßen Schüssel vermischt werden, bevor sie für die Zubereitung des Dressings verwendet werden.
4. Die Garnelen in eine mittelgroße Schüssel geben und 2 Esslöffel des Dressings zum Marinieren hinzufügen. Das überschüssige Dressing nicht wegwerfen. 30 Minuten zugedeckt in den Kühlschrank stellen.
5. Stellen Sie den Grill auf hohe Stufe. Die Garnelen aus der Marinade nehmen und anderthalb Minuten auf jeder Seite oder bis sie undurchsichtig sind, mit einem Abstand von drei Zentimetern zur Hitzequelle grillen.
6. Sobald die Garnelen fertig gebraten sind, in einer Schüssel mit der roten Paprika und dem aufbewahrten Dressing anrichten. Zum Abkühlen bei Zimmertemperatur stehen lassen.
7. Die Krabben in einem hübschen Muster auf die Gurkenscheiben legen.

Ernährung:

- Kcal 155
- Fett 8,1 g
- Natrium 183 mg
- Kohlenhydrate 10.9g
- Zucker 5.9g
- Eiweiß 11,6 g
- Kalium 376mg

45. Hühner-Nudel-Suppe

- Vorbereitungszeit: 10 Min.
- Herstellung in: 20 Min.
- Portionen :6

Zutaten:

- Gemahlener Oregano (2 g)
- Karotten in Scheiben geschnitten (120 g)
- Gemahlener schwarzer Pfeffer (1 g)
- Gehackter Sellerie (50 g)
- Gehackte Zwiebeln (80 g)
- Hühnerbrühe (1200 ml)
- Gemahlenes Basilikum (2 g)
- Ungesalzene Butter (15 g)
- Eiernudeln, trocken (320 g)
- Hähnchenbrust, gekocht (226 g)

Wegbeschreibung:

1. Schneiden Sie das Hähnchen in kleine Stücke, sobald es gegart ist. Danach schneidest du das gesamte Gemüse.
2. In einem 5-Quart Dutch Oven bei mittlerer Hitze die Butter schmelzen. Zwiebel und Sellerie etwa 5 Minuten lang in der Butter andünsten, bis sie anfangen, weich zu werden. Hühnerfleisch, Nudeln, Karotten, Basilikum, Oregano und Pfeffer in die Brühe geben, nachdem diese hinzugefügt wurde. 20 Minuten auf kleiner

Flamme köcheln lassen, bis das Wasser kocht. Servieren. Es gibt sechs Stücke, und jedes hat die Größe von etwa zwei Tassen.

Ernährung:

* Kcal 155
* Fett 4,5g
* Kohlenhydrate 17.2g
* Zucker 2.2g
* Eiweiß11,2g
* Kalium 278mg
* Natrium 103 mg

46. Frühlingsgemüse-Suppe

* Vorbereitungszeit: 10 Min.
* Herstellung in: 60 Min.
* Portionen :5

Zutaten:

* gefrorener Mais (40 g)
* Olivenöl (30 ml)
* getrocknete Oreganoblätter. (4 g)
* Salz (1 g)
* Champignons (35 g)
* Knoblauchpulver (4 g)
* Tomate - 1
* frische grüne Bohnen (110 g)
* Zwiebel (80 g)
* Möhren (64 g)
* natriumarme Gemüsebrühe (960 ml)
* Staudensellerie - (75 g)

Wegbeschreibung:

1. Nachdem die Enden und Fäden entfernt wurden, sollten die grünen Bohnen in 2-Zoll-Stücke geschnitten werden. Karotten, Sellerie, Zwiebel, Tomate und Pilze in Würfel schneiden.
2. Erhitzen Sie das Olivenöl in einem großen Topf, bevor Sie den gehackten Sellerie und die Zwiebel hinzufügen.
3. Die restlichen Zutaten hinzufügen und zum Kochen bringen. Gelegentlich umrühren und 45-60 Minuten köcheln lassen.

Ernährung:

- Kcal 99
- Fett 5.9g
- Kohlenhydrate 9.3g
- Zucker 2,6g
- Eiweiß 3,3 g
- Kalium 240 mg
- Natrium 81 mg

47. Karotten-Apfel-Suppe

- Vorbereitungszeit: 10 Min.
- Machen Sie mit: 00 Min.
- Portionen :4

Zutaten:

- Möhren, -4 groß
- gemahlener Zimt (12 g)
- Olivenöl (15 ml)
- Kichererbsen (226 g)
- frischer Ingwer (30 g)
- weiße Zwiebel, -1 klein
- ungesüßte Mandelmilch (360 ml)
- Apfel - 1
- Gemüsebrühe, ohne Salzzusatz (960 ml)

Wegbeschreibung:

1. Das Olivenöl in einen großen Topf geben und auf mittlerer Stufe erhitzen. Die Zwiebel und den Ingwer in das Öl geben. Nach etwa 5 Minuten Kochzeit sollte die Zwiebel weich und durchsichtig sein.
2. Möhren, Apfelmus, Zimt und Hühnerbrühe sollten hinzugefügt werden.
3. Die Suppe weitere 15 Minuten auf kleiner Flamme köcheln lassen, bis das Gemüse durchgekocht ist.
4. Wenn die Suppe fertig gekocht ist, vom Herd nehmen und in einen Mixer geben. Wiederholen Sie diesen Vorgang, nachdem Sie die Mandelmilch hinzugefügt haben, und pürieren Sie sie, bis sie glatt ist. Alternativ können Sie auch einen Stabmixer verwenden, um das Gemüse und die Mandelmilch direkt im Topf zu pürieren.

Ernährung:

- Kcal 369
- Fett 9.9g
- Kohlenhydrate 55.4g
- Zucker18g
- Eiweiß17,2g
- Kalium 208mg
- Natrium 13 mg

48. Gerstensuppe

- Vorbereitungszeit: 10 Min.
- Herstellung in: 120 Min.
- Portionen :8

Zutaten:

- Kurkuma (4 g)
- Pflanzenöl (30 ml)
- gehackte frische Petersilie (30 g)
- Tomatenmark (8 g)
- Limetten, (1 saftig, 1 in 8 Spalten geschnitten) -2
- Hühnerbrühe -2 l

- Möhren - 1 Tasse (120 g)
- Zwiebel -1
- Kokosnusscreme (120 g)
- Perlgraupen (200 g), ungekocht

Wegbeschreibung:

1. Die Hühnerbrühe sollte auf niedriger Stufe in einem Kessel erhitzt werden.
2. In einem großen Topf bei mittlerer Hitze die Zwiebel in Pflanzenöl karamellisieren, bis sie glasig ist. Nach dem Hinzufügen der Graupen den Topf eine ganze Minute lang rühren. Pfeffer, Salz, Tomatenmark, Limettensaft und Kurkuma in die noch heiße Hühnerbrühe geben. Die Zutaten werden zum Kochen gebracht und dann für eine Stunde auf ein Köcheln reduziert.
3. Nach dem Hinzufügen der Karotten die Suppe weitere 30 Minuten kochen lassen, damit die Gerste vollständig gar ist. Wenn die Suppe zu dick ist, esslöffelweise kochendes Wasser hinzufügen.
4. Die saure Sahne muss in einer kleinen Schüssel aufbewahrt werden. Eine halbe Tasse der heißen Suppe zur sauren Sahne geben und unter ständigem Rühren vermischen. Die saure Sahne unter ständigem Rühren in die Suppe einrühren. Die gehackte Petersilie unterrühren.
5. Servieren Sie die Vorspeise mit frischen Limettenspalten.

Ernährung:

- Kcal 178
- Fett 7.4g
- Kohlenhydrate 25.4g
- Zucker 2.8g
- Eiweiß 4,2 g
- Kalium 218mg
- Natrium 130 mg

49. Mediterraner Quinoa-Salat mit Zitronen-Kräuter-Vinaigrette

- Vorbereitungszeit: 15 Minuten
- Herstellung in: 15 Min.
- Reicht für: 4

Zutaten:

* 185 Gramm Quinoa, abgespült
* 475 ml Wasser
* 150 g Kirschtomaten, halbiert
* 150 g Gurke, gewürfelt
* 60 g Kalamata-Oliven, entkernt und in Scheiben geschnitten
* 30 g rote Zwiebel, fein gehackt
* 60 Gramm zerbröckelter Fetakäse
* 30 ml frische Petersilie, gehackt

Zitronen-Kräuter-Vinaigrette:

* 60 ml Olivenöl
* Schale und Saft von 1 Zitrone
* 15 ml Rotweinessig
* 5 ml getrockneter Oregano
* Salz und Pfeffer nach Geschmack

Wegbeschreibung:

1. Quinoa und Wasser in einem mittelgroßen Topf mischen. Sobald das Wasser kocht, die Hitze reduzieren und die Quinoa 15 Minuten lang zugedeckt köcheln lassen.
2. Nachdem die Quinoa auf Zimmertemperatur abgekühlt ist, mit einer Gabel auflockern.
3. Gekochte Quinoa, Kirschtomaten, Gurken, Oliven, rote Zwiebeln, Feta-Käse und frische Petersilie in eine große Schüssel geben und gut vermischen.
4. Die Zitronen-Kräuter-Vinaigrette (Rezept unten) in einer kleinen Schüssel anrühren und über den Salat träufeln. Vorsichtig durchschwenken, um ihn zu mischen.
5. Sofort servieren oder für später im Kühlschrank aufbewahren.

Ernährung:

* Kcal: 320kcal,
* Eiweiß: 10g,
* Kohlenhydrate: 35g,
* Fett: 16g,
* Ballaststoffe: 5g

- Vorbereitungszeit: 20 Minuten
- Herstellung in: 15 Min.
- Reicht für: 3

Zutaten:

- 680 g Hähnchenschenkel ohne Knochen und ohne Haut, in Würfel geschnitten
- 1 Zucchini, in Scheiben geschnitten
- 1 rote Paprika, in Würfel geschnitten
- 1 gelbe Paprika, in Würfel geschnitten
- 60 ml Olivenöl
- 5 ml gemahlene Gelbwurzel
- 2 Knoblauchzehen, gehackt
- 5 ml gemahlener Kreuzkümmel
- Salz und Pfeffer nach Geschmack
- Holzspieße, 30 Minuten lang in Wasser eingeweicht

Wegbeschreibung:

1. In einer Schüssel Olivenöl, gemahlene Kurkuma, gehackten Knoblauch, gemahlenen Kreuzkümmel, Salz und Pfeffer verquirlen.
2. Hähnchen-, Zucchini- und Paprikawürfel auf die nassen Spieße stecken.
3. Die Spieße mit der Kurkuma-Marinade bestreichen und mit einem Pinsel bestreichen.
4. Bereiten Sie ein mittelstarkes Feuer in Ihrem Grill oder Ihrer Grillpfanne vor.
5. Um sicherzustellen, dass das Hähnchen gut durchgebraten ist und die Spieße schön anbraten, grillen Sie sie 5-7 Minuten pro Seite.
6. Die Spieße auf ein Bett aus Quinoa oder braunem Reis legen.

Ernährung:

- Kcal: 350kcal,
- Eiweiß: 30 g,
- Kohlenhydrate: 15g,
- Fett: 18g,
- Ballaststoffe: 4g

- Vorbereitungszeit: 15 Minuten
- Herstellung in: 25 Min.
- Reicht für: 4

Zutaten:

- 4 Kabeljaufilets (je 170 g)
- 30 ml Olivenöl
- Schale und Saft von 2 Zitronen
- 2 Esslöffel frischer Dill, gehackt
- 5 ml Knoblauchpulver
- Salz und Pfeffer nach Geschmack
- 380 g Babykartoffeln, halbiert
- 150 Gramm Babymöhren

Wegbeschreibung:

1. Den Backofen auf 400°F (200°C) vorheizen.
2. Olivenöl, Zitronensaft, Zitronenschale, Dill, Knoblauchpulver, Salz und Pfeffer in einer kleinen Schüssel verrühren.
3. Die Zitronen-Dill-Mischung über die Fischfilets in einer Auflaufform verteilen.
4. Die übrig gebliebene Zitronen-Dill-Mischung in einer separaten Schüssel mit den Babykartoffeln, den Babykarotten und dem Brokkoli vermischen.
5. Die Fischfilets in eine Auflaufform legen und mit dem Gemüse umgeben.
6. Alles in den auf 400 Grad vorbereiteten Ofen schieben und 20-25 Minuten backen, bis der Kabeljau blättrig ist und das Gemüse weich ist.

Ernährung:

- Kcal: 280kcal,
- Eiweiß: 25 g,
- Kohlenhydrate: 20g,
- Fett: 12g,
- Ballaststoffe: 4g

- Vorbereitungszeit: 20 Minuten
- Herstellung in: 30 Min.
- Reicht für: 5

Zutaten:

- 5 Paprikaschoten, halbiert und entkernt
- 185 Gramm Quinoa, abgespült
- 475 ml natriumarme Gemüsebrühe
- 1 Dose (ca. 425 g) Kichererbsen, abgetropft und abgespült
- 475 ml frischer Spinat, zerkleinert
- 150 g Kirschtomaten, gewürfelt
- 60 g rote Zwiebel, fein gehackt
- 5 ml gemahlener Kreuzkümmel
- 5 ml geräucherter Paprika
- Salz und Pfeffer nach Geschmack
- 100 g geriebener fettarmer Mozzarella-Käse

Wegbeschreibung:

1. Den Backofen auf 190°C (375°F) vorheizen.
2. Die Quinoa und die Gemüsebrühe in einen mittelgroßen Topf geben und erhitzen. Sobald die Brühe kocht, die Hitze reduzieren, abdecken und die Quinoa 15 Minuten lang köcheln lassen.
3. Gekochte Quinoa, Kichererbsen, Spinat, Kirschtomaten, rote Zwiebeln, Kreuzkümmel, geräucherte Paprika, Salz und Pfeffer in einer großen Schüssel vermengen.
4. Jede Paprikahälfte mit der Quinoa- und Kichererbsenmischung füllen.
5. Die gefüllten Paprikaschoten sollten mit geriebenem Mozzarella-Käse bestreut werden.
6. Im heißen Ofen rösten, bis die Paprikaschoten weich sind und der Käse geschmolzen und goldgelb ist, etwa 25 bis 30 Minuten.

Ernährung:

- Kcal: 320kcal,

- Eiweiß: 15 g,
- Kohlenhydrate: 50g,
- Fett: 8g,
- Ballaststoffe: 10g

Kapitel 8:
Dessert-Rezepte

53. Gummibonbons

- Vorbereitung: 15 Min.
- Herstellung in: 12 Min.
- Portionen: 25

Zutaten:

- 120 g gesalzene, streichfähige Butter
- 1 großes Ei
- 200 Gramm brauner Zucker
- 215 g gesiebtes Allzweckmehl
- 60 ml Milch
- 1 einzelne Vanilleschote
- 5 Gramm Backpulver
- 15 große Gummibonbons, fein zerkleinert

Wegbeschreibung

1. Der Backofen sollte auf 400 F/195 C aufgeheizt werden.
2. Butter, Zucker und Ei schaumig rühren.
3. Den Vanilleextrakt und die Milch einrühren.
4. In einer separaten Schüssel das Mehl und das Backpulver vermischen. Die Zucker-Butter-Mischung unterrühren.
5. Sobald die Gummibonbons eingearbeitet sind, sollte die Mischung 30 Minuten lang im Kühlschrank abkühlen.
6. Löffeln Sie den Teig esslöffelweise auf ein gefettetes Backblech oder Plätzchenblech.
7. 10-12 Minuten backen, oder bis die Oberfläche goldbraun ist.

Ernährung:

- Kcal: 102,17 kcal
- Kohlenhydrate: 16,5 g
- Eiweiß: 0,86 g
- Natrium: 23,42 mg
- Kalium: 45 mg
- Phosphor: 32,15 mg
- Ballaststoffe: 0,13 g
- Fett: 4 g

54. Apfel-Knusperkuchen

- Vorbereitung: 10 Min.
- Herstellung in: 35 Min.
- Portionen: 8

Zutaten:

- 4 große säuerliche Äpfel, in Scheiben geschnitten, geschält und entkernt
- 60 Gramm weißes Allzweckmehl
- 30 Gramm Butter
- 200 Gramm Zucker
- 75 Gramm gewalzte Haferflocken
- 2,5 ml Muskatnuss, gemahlen

Wegbeschreibung

1. Der Backofen sollte auf 180°C eingestellt werden.
2. Legen Sie die Äpfel in einer einzigen Schicht auf ein geöltes quadratisches Backblech (ca. 7 Zoll).
3. Die restlichen Zutaten werden in einer mittelgroßen Schüssel vermischt. Den Teig über die Äpfel gießen.
4. Um eine goldbraune Kruste zu erhalten, backen Sie den Kuchen 30-35 Minuten lang.
5. Sofort zubereiten und servieren.

Ernährung:

- Kcal: 261,9 kcal
- Kohlenhydrate: 47,2 g
- Eiweiß: 1,5 g
- Natrium: 81 mg
- Kalium: 123,74 mg
- Phosphor: 35,27 mg
- Ballaststoffe: 2,81 g
- Fett: 7,99 g

55. Kürbis-Käsekuchen-Riegel

- Vorbereitung: 10 Min.
- Herstellung in: 50 Min.
- Portionen: 4

Zutaten:

- Ungesalzene Butter, 35 g
- Frischkäse, 115 Gramm
- Weißes Allzweckmehl, 60 Gramm
- Goldbrauner Zucker, 15 Gramm
- 50 Gramm Kristallzucker
- Kürbispüree, 120 ml
- Zwei Eiweiß
- Zimtpulver, 5 Gramm

- Muskatnuss, gemahlen, 5 Gramm
- Vanilleextrakt, 5 ml

Wegbeschreibung

1. Die Ofentemperatur ist auf 350 Grad eingestellt.
2. In einer Schüssel den braunen Zucker und das Mehl vermischen.
3. Die Butter untermischen, um "Paniermehl" zu erhalten.
4. Die Hälfte dieser Mischung sollte in einen Teller gegeben werden.
5. Die Backzeit ist auf 15 Minuten eingestellt. Nach dem Herausnehmen abkühlen lassen.
6. Das Ei leicht verquirlen, dann nach und nach Frischkäse, Zucker, Kürbis, Zimt, Muskatnuss und Vanille hinzufügen.
7. Den Rest der Semmelbrösel untermischen und das Ganze über den gebackenen Boden gießen.
8. Fügen Sie weitere 30-35 Minuten Backzeit hinzu.
9. Danach in Scheiben schneiden und servieren.

Ernährung:

- Kcal: 248
- Fett: 13g
- Kohlenhydrate: 33g
- Phosphor: 67mg
- Kalium: 96mg
- Natrium: 146mg
- Eiweiß: 4g

56. Schokoladenplätzchen

- Vorbereitung: 7 Min.
- Herstellung in: 10 Min.
- Portionen: 10

Zutaten:

- Zartbitterschokoladenchips - 125 Gramm
- Mehl - 250 Gramm

- Margarine - 125 Gramm
- Stevia - 20 Gramm
- Backpulver - 2,5 Gramm
- Vanille - 2,5 Milliliter
- Ei - 1

Wegbeschreibung

1. Das Sieben der trockenen Zutaten ist ein Muss.
2. Margarine, Stevia, Vanille und Ei mit einem Schneebesen verrühren.
3. Die Mehlmischung vollständig einarbeiten.
4. Nachdem alles vermischt wurde, die Schokoladenstückchen hinzufügen und löffelweise auf ein vorbereitetes Backblech geben.
5. Die Kekse brauchen etwa 10 Minuten im Backofen bei 375°F.
6. Vor dem Servieren warten, bis es abgekühlt ist.

Ernährung:

- Kcal: 106,2
- Fett: 7g
- Kohlenhydrate: 8.9g
- Eiweiß: 1,5 g

57. Himbeer-Eis am Stiel

- Vorbereitung: 2 Stunden
- Herstellung in: 15 Min.
- Portionen: 4

Zutaten:

- Himbeeren - 300 Gramm
- Wasser - 500 ml

Wegbeschreibung

1. Bevor eine Pfanne benutzt werden kann, muss sie mit Wasser gefüllt werden.
2. Insbesondere Himbeeren

3. Das Wasser in dem Behälter bei mittlerer Hitze zum Kochen bringen.
4. 15 Minuten auf kleiner Flamme köcheln lassen.
5. Wenn die Masse so weit abgekühlt ist, dass man sie handhaben kann, in die Popsicle-Formen füllen.
6. In ein Eis am Stiel stecken und zwei Stunden lang in den Kühlschrank stellen.
7. Nutzen und genießen!

Ernährung:

- Kcal: 58
- Fett: 0.4g
- Kohlenhydrate: 0g
- Eiweiß: 1,4 g
- Phosphor: 40mg
- Kalium: 97mg
- Natrium: 45mg

58. Blaubeer-Mini-Muffins

- Vorbereitung: 10 Min.
- Herstellung in: 35 Min.
- Portionen: 4

Zutaten:

- Drei Eiweiß
- 60 Gramm weißes Allzweckmehl
- 15 Gramm Kokosnussmehl
- 5 Gramm geriebene Muskatnuss
- 5 Milliliter Vanilleextrakt
- 5 Gramm Stevia
- 30 Gramm frische Heidelbeeren

Wegbeschreibung

1. Halten Sie den Ofen auf 325 Grad Fahrenheit.
2. Geben Sie alles in eine Schüssel und mischen Sie es.

3. Den Teig in 4 gleiche Teile aufteilen und jeweils in eine leicht gefettete Muffinform geben.
4. In den Ofen schieben und 15-20 Minuten lang backen.
5. Dann räumen Sie auf.

Ernährung:

- Kcal: 62
- Fett: 0g
- Kohlenhydrate: 9g
- Eiweiß: 4g

59. Pfundskuchen mit Ananas

- Vorbereitung: 10 Min.
- Herstellung in: 50 Min.
- Portionen: 24

Zutaten:

- 360 Gramm gesiebtes Allzweckmehl
- 600 Gramm Zucker
- 340 Gramm Butter
- 3 Eiweiß und 6 ganze Eier
- 5 Milliliter Vanilleextrakt
- 1 Dose (ca. 285 g) gewaschene und zerdrückte Ananasstücke (den Saft beiseite stellen)

Für die Glasur:

- Eine Zuckertasse
- 1 Stange Margarine oder Butter ohne Salz
- aufbewahrter Ananassaft

Wegbeschreibung

1. Der Backofen sollte auf 180°C (350°F) eingestellt sein.

2. Vergewissern Sie sich, dass die Butter und der Zucker mit einem Handrührgerät gründlich vermischt werden.
3. Unter ständigem Rühren nach und nach ein oder zwei Eier hinzufügen.
4. Vor der Zugabe des Mehls den Vanilleextrakt unterrühren.
5. Die gewürfelte, abgetropfte Ananas sollte hinzugefügt werden.
6. Backen Sie den Kuchen 45-50 Minuten lang, nachdem Sie den Teig in eine gefettete und bemehlte Form gegeben haben.
7. In einem kleinen Topf den Zucker, die Butter und den Ananassaft vermischen. Einmal umrühren und zum Kochen bringen. Die Zutaten zusammen zu einer dicken Glasur kochen.
8. Den Kuchen noch heiß mit der Glasur beträufeln.
9. Spätestens 10 Sekunden vor dem Servieren warten.

Ernährung:

- Kcal: 407,4 kcal
- Kohlenhydrate: 79 g
- Eiweiß: 4,25 g
- Natrium: 118,97 mg
- Kalium: 180,32 mg
- Phosphor: 66,37 mg
- Ballaststoffe: 2,25 g
- Fett: 16,48 g

60. Grüne Bohnen mit Haselnüssen und getrockneten Cranberries

- Vorbereitungszeit: 10 Min.
- Herstellung in: 15 Min.
- Portionen: 8

Zutaten:

- getrocknete Preiselbeeren (25 g)
- Haselnüsse (57 g)
- Wasser (2880 ml)
- Schalotten (20 g)
- Zitronenschale (2 g)
- Olivenöl (45 ml)

- frische (oder gefrorene) grüne Bohnen (680 g)

Wegbeschreibung:

1. Den Backofen auf 350 Grad Fahrenheit (176 C) einstellen und einschalten.
2. Die Haselnüsse in einer einzigen Schicht auf ein Backblech legen. 13 Minuten bei 350 Grad Fahrenheit backen, oder bis sich die Schale abzulösen beginnt.
3. Die Schalen können entfernt werden, indem man die verbrannten Nüsse in ein Sieb oder eine Schale legt und sie mit einem Handtuch kräftig abwischt. Schneiden Sie die Nüsse grob ein.
4. In einem großen Topf 12 Tassen Wasser zum Kochen bringen. Nach 4 Minuten Kochzeit sollten die Kartoffeln knusprig-zart genug sein, um Bohnen hinzuzufügen. Eine weitere Runde gießen, abtropfen lassen und in Eiswasser tauchen. Handtücher sind ideal zum Trocknen der Bohnen.
5. Eine große Bratpfanne bei mittlerer Hitze vorheizen. Das Öl unter Rühren in die Pfanne geben. Die in Scheiben geschnittenen Schalotten dazugeben und anbraten, bis sie gerade anfangen, golden zu werden. Die Bohnen drei Minuten lang unter ständigem Rühren kochen lassen, nachdem sie hinzugefügt wurden. Nach dem Hinzufügen der Cranberries und Haselnüsse 1 Minute warten. Die Schale einer Zitrone über das Gericht geben.

Ernährung:

- Kcal 113
- Fett 8.4g
- Natrium 12 mg
- Kohlenhydrate 9.3g
- Zucker 1.8g
- Eiweiß 2,4 g
- Kalium 194mg

61. BBQ Winterkürbis

- Vorbereitungszeit: 10 Min.
- Herstellung in: 10 Min.
- Portionen : 8

Zutaten:

- Olivenöl (15-30 ml)
- brauner Zucker1 15-30 g)
- Butternusskürbis, in 1" dicke Scheiben geschnitten -1
- Butter1 15-30 g)

Wegbeschreibung:

1. Erhitzen Sie den Grill auf hohe Temperaturen (etwa 400 Grad F) (204 C).
2. Bevor der Kürbis auf den Grill gelegt wird, empfiehlt es sich, ihn ein wenig mit Olivenöl zu bestreichen.
3. Mit geschmolzener Butter und braunem Zucker bestreichen, wenn sie weich sind.
4. Wenn der Timer abgelaufen ist, nehmen Sie das Essen vom Grill.

Ernährung:

- Kcal 36
- Fett 3.2g
- Kohlenhydrate 1.7g
- Zucker 1.3g
- Eiweiß 0,4g
- Kalium 66mg
- Natrium 11 mg

62. Schwarzäugige Erbsen

- Vorbereitungszeit: 10 Min.
- Herstellen: 90 Min.
- Portionen : 12

Zutaten:

- Ingwer (2 g)
- Staudensellerie (101 g)
- Thymian (2 g)
- 1 Prise Cayennepfeffer
- Schwarzäugige Erbsen, getrocknet (242 g)

- Zwiebel, fein gehackt -1 Medium
- Wasser (840 ml)
- Currypulver (2 g)
- Knoblauch -5 bis 6 Zehen

Wegbeschreibung:

1. Die Erbsen in eine große Schüssel geben und mindestens 5 cm hoch mit Wasser bedecken. Mindestens acht, besser vierundzwanzig Stunden lang einweichen.
2. Nachdem die Erbsen abgetropft sind, sollten sie in kaltem Wasser abgespült werden.
3. Die Erbsen und alle anderen Zutaten in einen großen Topf geben.
4. Nach ein paar Minuten Kochzeit die Hitze reduzieren, abdecken und weitere anderthalb Stunden kochen, bis die Erbsen weich sind.
5. Servieren Sie

Ernährung:

- Kcal 71
- Fett 1,5g
- Kohlenhydrate 7.9g
- Gesamtzucker 0,9g
- Eiweiß 6,9 g
- Kalium 186mg
- Natrium 146 mg

63. Dill-Möhren

- Vorbereitungszeit: 10 Min.
- Anfertigen: 05 Min.
- Portionen : 6

Zutaten:

- Zucker (45 g)
- Dillkraut (8 g)
- Möhren (450 g)
- Knoblauchpulver (8 g)

- Pfeffer (1 g)
- weißer Essig (360 ml)
- einfacher Reisessig (60 ml)

Wegbeschreibung:

1. Die Möhren sollten in sehr dünne Scheiben geschnitten werden.
2. Das Dämpfen in der Mikrowelle sollte zwischen drei und fünf Minuten dauern.
3. Die Karotten sollten in Eiswasser gekühlt werden.
4. Die restlichen Zutaten mischen.
5. Die Flüssigkeit auf die Möhren geben.
6. Legen Sie es dort hinein, decken Sie es ab und stellen Sie es über Nacht im Kühlschrank kalt.

Ernährung:

- Kcal 70
- Fett 0g
- Kohlenhydrate 14.7g
- Zucker 10.3g
- Eiweiß 0,9g
- Kalium 308mg
- Natrium 56 mg

64. Grünkohl mit Curry

- Vorbereitungszeit: 10 Min.
- Herstellung in:10 Min.
- Portionen: 4

Zutaten:

- Grünkohl: 400 Gramm
- Sesamsamen (18 g)
- Reisessig (15 ml)
- gelbe Zwiebel -1/2
- Kurkuma (4 g)
- Öl 15 ml)

- Currypulver (4 g)
- Wasser (120 ml)

Wegbeschreibung:

1. Nach dem Waschen den harten Kern des Grünkohls entfernen. Schneiden Sie ihn längs ein, um lange Streifen zu erhalten, und schneiden Sie ihn dann in Abständen von drei Zentimetern quer ein.
2. Die Zwiebel in Öl glasig dünsten. Currypulver und Kurkuma hinzufügen und etwa eine Minute lang rösten.
3. Etwas Grünzeug und entweder Wasser oder Hühnerbrühe hinzufügen. Abdecken und dabei wachsam bleiben. 1/4 Tasse Wasser hinzufügen, wenn zusätzliche Flüssigkeit erforderlich ist.
4. Den Deckel aufsetzen und den Grünkohl gelegentlich umrühren, bis er verwelkt und hellgrün wird, etwa 5 Minuten. Wenn er zu lange kocht, bekommt er eine sehr dunkle Farbe, also vorsichtig sein.
5. Den Grünkohl aus der Pfanne nehmen, aber die Kochflüssigkeit beiseite stellen.
6. Etwas Sojasauce, Reisessig und Sesam hinzugeben. Weiterrühren, bis die Soße eingedickt ist und die Sesamsamen aufgegangen sind.
7. Nachdem Sie die Pfanne vom Herd genommen haben, gießen Sie das Sesamöl über das Grünzeug.

Ernährung:

- Kcal 108
- Fett 5.8g
- Kohlenhydrate 10g
- Zucker 0.6g
- Eiweiß 3,1 g
- Kalium 392mg
- Natrium 31 mg

65. Cremige Erdbeer-Snacks

- Vorbereitungszeit: 10 Min.
- Machen Sie mit: 00 Min.
- Portionen : 3

Zutaten:

- Kekse: 12
- Geschlagener gemischter Beeren-Frischkäse-Aufstrich: 60 Gramm (1/4 Tasse)
- Erdbeeren: 3 mittelgroße Erdbeeren

Wegbeschreibung:

1. Jeder Cracker sollte mit einem Löffel Frischkäseaufstrich bestrichen werden.
2. Sie können ihn mit einer Erdbeere oder einer anderen Frucht garnieren.
3. Rasch austeilen.
4. Um den Proteingehalt zu erhöhen, kombinieren Sie 3 Esslöffel Proteinpulver mit dem Frischkäse.

Ernährung:

- Kcal 364
- Fett 18.1g
- Kohlenhydrate 43.7g
- Zucker 7.3g
- Eiweiß 4,1 g
- Kalium 18mg
- Natrium 174 mg

66. Gesprengter Rosenkohl

- Vorbereitungszeit: 10 Min.
- Herstellung in: 10 Min.
- Portionen : 6

Zutaten:

- Rosenkohl (etwa ein Strunk) (176 g)
- Parmesankäse (28 - 56 g)
- Essig mit Frucht- oder Kräuteraroma (15 ml)
- Olivenöl (15-30 ml)

Wegbeschreibung:

1. Der Backofen sollte auf 450 Grad F (232 Grad C) aufgeheizt werden.
2. Alle verstreuten Blätter aufheben. Größere Sprossen halbieren, kleinere Sprossen aber unversehrt lassen.
3. Die Sprossen mit etwas Olivenöl beträufeln.
4. Bereiten Sie ein Backblech vor, indem Sie es leicht einfetten.
5. Für 10 Minuten rösten lassen. Der Rosenkohl ist fertig, wenn er so zart ist, dass er sich mit einer Gabel durchstechen lässt.
6. Nach dem Herausnehmen aus dem Ofen mit frisch geriebenem Parmesan und Obstessig bestreuen.

Ernährung:

- Kcal 66
- Fett 4.9g
- Kohlenhydrate 3g
- Zucker 0,3g
- Eiweiß 4g
- Kalium 114mg
- Natrium 94 mg

Kapitel 9: Bewegung und Lebensstil für die Nierengesundheit

Nähren Sie Ihren Körper, nähren Sie Ihre Nieren

Den Nieren-Bewegungs-Nexus verstehen: Einer der wichtigsten Aspekte einer gesunden Lebensweise besteht darin, ein Gleichgewicht zwischen körperlicher Betätigung und der Pflege der Nieren zu finden. In diesem Artikel untersuchen wir die Bedeutung von körperlicher Aktivität für die Nierengesundheit als Ganzes. Regelmäßige Bewegung, die seit langem als Eckpfeiler der Gesundheit gilt, hat zusätzliche positive Auswirkungen auf die Nieren, indem sie deren Leistungsfähigkeit und Widerstandsfähigkeit verbessert.

Verbessert den Blutfluss: Regelmäßige Bewegung verbessert die Durchblutung des gesamten Körpers, einschließlich der Nieren und ihres komplexen Netzes von Blutgefäßen. Die Gesundheit der Nieren hängt vom natürlichen Entgiftungsprozess des Körpers ab, der durch eine verbesserte Blutzirkulation, die eine effizientere Filtration von Abfallstoffen ermöglicht, erheblich unterstützt wird.

Kontrolle des Blutdrucks: Körperliche Betätigung erweist sich als ein hervorragender Verbündeter im Kampf gegen Bluthochdruck, einem typischen Begleiter von

Nierenproblemen. Hoher Blutdruck, der wesentlich zur Entstehung und Ausbreitung von Nierenerkrankungen beiträgt, kann durch regelmäßige Bewegung kontrolliert und gesenkt werden.

Förderung des Gewichtsmanagements: Der Schwerpunkt liegt auf der Notwendigkeit, ein Gleichgewicht zwischen körperlicher Aktivität und Gewichtskontrolle zu finden. Ein gesundes Gewicht durch Bewegung zu halten, hilft, die mit Fettleibigkeit verbundenen Komplikationen zu vermeiden, die Nierenprobleme verschlimmern können. Wie der übrige Körper gedeihen auch die Nieren in einem Umfeld mit ausgewogenem Gewicht und guter Gesundheit.

Bewegung in den Tagesablauf einbauen: Ein praktischer Leitfaden

Die Kunst der Beständigkeit: Die Bedeutung von Beständigkeit wird betont, indem den Lesern vorgeschlagen wird, einige Aktivitäten auszuwählen, die zu ihren Interessen passen, und diese dann nach und nach in ihre Routine einzubauen. Das Ziel ist es, Bewegung zu einem regelmäßigen Bestandteil des eigenen Lebens zu machen, sei es durch zügige Spaziergänge, leichtes Yoga oder individuelle Fitnessroutinen.

Klein anfangen, stark werden: In der Erkenntnis, dass das Erreichen einer optimalen Nierengesundheit eher ein Marathon als ein Sprint ist, wird in diesem Kapitel empfohlen, sich in kleinen Schritten einem gesünderen Lebensstil zu nähern. Diese Methode stellt sicher, dass die Menschen ein Trainingsprogramm einführen und beibehalten können, das für ihren aktuellen Gesundheits- und Fitnesszustand geeignet ist.

Individuelle Trainingspläne: Es wird immer wichtiger, bei der Gestaltung eines Trainingsprogramms die individuelle gesundheitliche Situation eines jeden Einzelnen zu berücksichtigen. Dieses Kapitel enthält Anleitungen zur Anpassung von Trainingsplänen an individuelle Unterschiede in Bezug auf Alter, Gesundheitszustand und Fitnessniveau. Diese ausgefeilte Strategie stellt sicher, dass Menschen sicher und effektiv an körperlichen Aktivitäten teilnehmen können, die ihren spezifischen Bedürfnissen entsprechen.

Ganzheitliches Wohlbefinden über die Ernährung hinaus: Ein ganzheitlicher Ansatz

Jenseits des Tellers: Die ganzheitliche Sichtweise: Der Zustand der Nieren lässt sich nicht auf eine einzige Komponente reduzieren, sondern ist vielmehr das Ergebnis eines komplexen Geflechts von miteinander verbundenen Elementen. Neben der Ernährung ist die Bewegung ein wichtiger Bestandteil in diesem Geflecht, der zum Zusammenhalt einer gesunden Lebensweise beiträgt.

Stressbewältigung: Obwohl die Auswirkungen von Stress auf die Gesundheit häufig unterschätzt werden, wird Stress heute weithin als eine Schlüsselkomponente in Diskussionen über das gesamte Wohlbefinden anerkannt. Der Zusammenhang zwischen Stress und Nierengesundheit wird erörtert, und es werden Methoden zum Umgang mit Stress vorgestellt. Zu diesen Methoden gehören Meditation, Yoga und andere Formen der körperlichen und geistigen Erholung. Wenn Menschen Maßnahmen zum Stressabbau ergreifen, fördern sie Bedingungen, die sowohl ihrer geistigen Gesundheit als auch der Widerstandsfähigkeit ihrer Nieren zugute kommen.

Ausreichend Schlaf und Regeneration: Ausreichend Ruhe und Regeneration sind für Ihre allgemeine Gesundheit und Ihr Wohlbefinden von entscheidender Bedeutung. Guter Schlaf ist nicht nur für Ihre Gesundheit insgesamt wichtig, sondern hilft auch Ihrem Körper, sich selbst zu regenerieren. In diesem Kapitel erfahren Sie, wie Sie ein angemessenes Schlafverhalten fördern und so eine Grundlage für die körperliche und geistige Erneuerung schaffen, die die Bemühungen um das Wohlbefinden der Nieren ergänzt.

Soziale Beziehungen und Engagement in der Gemeinschaft: Die Bedeutung sozialer Beziehungen für das psychische und emotionale Wohlbefinden wird hervorgehoben, und der Leser wird ermutigt, sich in seinem Umfeld zu engagieren. Die Menschen werden dazu angehalten, durch soziale Netzwerke, gemeinsame Interessen oder auf andere Weise Gemeinschaft zu pflegen, was nachweislich die psychische Gesundheit verbessert.

Der Weg zu optimaler Gesundheit ist eine Symphonie von Lebensstilentscheidungen, und das erkennen wir an, wenn wir diese Untersuchung von Bewegung und Lebensstil für die Nierengesundheit abschließen. Bewegung, ein wichtiger Teil dieser Symphonie, fördert die Nierengesundheit und trägt gleichzeitig zu einem ganzheitlichen Wohlbefinden bei. Der Einzelne kann den Weg zu einer friedlicheren Nierengesundheit ebnen, indem er die Kunst der körperlichen Betätigung beherrscht, eine konsequente Routine pflegt und die Zusammenhänge zwischen den Lebensstilfaktoren erkennt.

Denken wir bei der weiteren Erforschung des ganzen Menschen daran, dass die Nierengesundheit kein Selbstzweck ist, sondern ein Mittel zu einem umfassenderen und zufriedeneren Leben. Die folgenden Kapitel werden den Weg dorthin noch besser beleuchten und dem Leser unschätzbare Anleitungen, nützliche Vorschläge und eine Fülle von Wissen an die Hand geben, um ihn in seinem Streben nach einer besseren Nierengesundheit und allgemeinem Wohlbefinden zu unterstützen.

Kapitel 10:
Überwachen und Einstellen

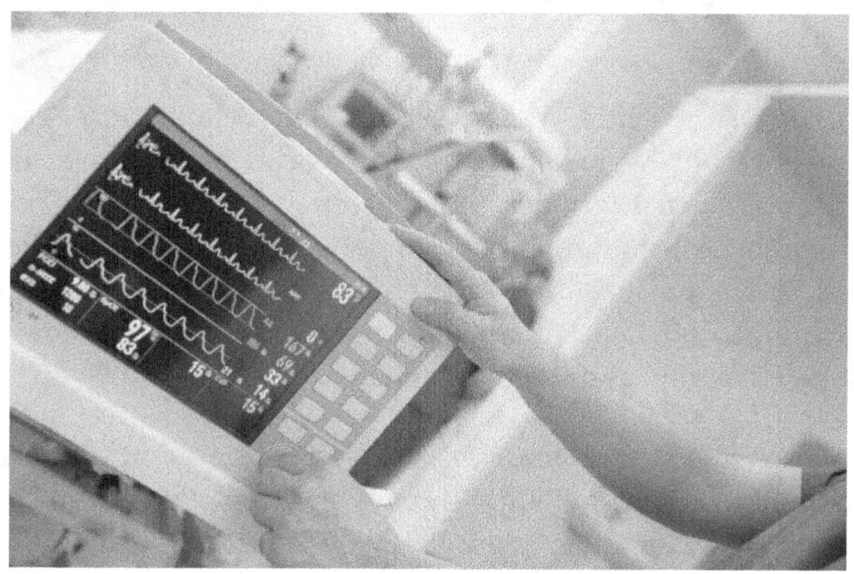

Ein Kompass für das dynamische Wohlbefinden der Nieren

Die Dynamik der Überwachung verstehen: Die Überwachung der Nierengesundheit ist wie das Reiten auf den Wellen eines sich ständig verändernden Flusses. In diesem Abschnitt wird die Komplexität der Überwachung aufgeschlüsselt und den Lesern vermittelt, wie sie ihre Nierengesundheit genau im Auge behalten können. Menschen können die ersten Schritte in Richtung Eigenverantwortung und wohlüberlegter Entscheidungen machen, wenn sie lernen, die subtilen Anzeichen zu erkennen und entsprechend zu handeln.

Anzeichen und Symptome: Die besprochenen Symptome reichen von Veränderungen der Urinproduktion und -farbe bis hin zu Blutdruckschwankungen, und der Leser erhält ein Verständnis für diese subtilen, aber wichtigen Anzeichen. Aufgrund dieses geschärften Bewusstseins können eine proaktive Überwachung und sofortige Maßnahmen erfolgen.

Hilfsmittel für die häusliche Überwachung: In diesem Abschnitt werden Technologien für die häusliche Überwachung vorgestellt, die es dem Einzelnen ermöglichen, eine aktive Rolle bei der Erhaltung seiner Nierengesundheit zu übernehmen. Geräte wie

Blutdruckmessgeräte und Urinteststreifen liefern quantitative Daten, mit denen sich Muster im Laufe der Zeit beobachten lassen. In diesem Kapitel finden Sie hilfreiche Tipps, wie Sie diese Hilfsmittel für Ihre Nierengesundheit einsetzen können.

Die wichtige Rolle regelmäßiger Vorsorgeuntersuchungen: Eine Lebensader für die Nierengesundheit

Vorbeugende Pflege ist wichtig: Wenn es um den Schutz der Nieren geht, sind Routineuntersuchungen im wahrsten Sinne des Wortes ein Rettungsanker. In diesem Artikel gehen wir auf den Wert der präventiven Behandlung ein und zeigen, wie regelmäßige Arztbesuche nicht nur reaktiv, sondern auch proaktiv die Nierengesundheit schützen können. Durch die Zusammenarbeit mit ihren medizinischen Betreuern bei den Routineuntersuchungen können Patienten sich entwickelnde Probleme erkennen und angehen, bevor sie katastrophale Ausmaße annehmen.

Umfassende Nierenuntersuchungen: Diese Tests, die von der Messung der Nierenfunktion im Blut bis hin zu bildgebenden Verfahren reichen, um ein visuelles Bild der Nierengesundheit zu erhalten, vermitteln ein umfassendes Bild, das über eine einfache visuelle Inspektion hinausgeht. Ziel dieses Kapitels ist es, das Geheimnis um diese Untersuchungen zu lüften, damit die Patienten eine aktive Rolle bei ihrer Behandlung übernehmen können.

Kommunikation mit Angehörigen der Gesundheitsberufe: Ein offener Kontakt zu den medizinischen Fachkräften ist unerlässlich. Dieses Kapitel enthält hilfreiche Ratschläge, wie man produktive Gespräche mit medizinischem Fachpersonal führen kann, damit Patienten ihre Bedenken äußern, Fragen stellen und eine aktive Rolle bei der Bestimmung ihrer eigenen Nierengesundheit übernehmen können. Die Möglichkeit, Dinge zu besprechen, fördert die Zusammenarbeit im Team, wenn es um die Nierenversorgung geht.

Strategien zur Anpassung der Ernährung: Ein personalisierter kulinarischer Kompass

Die fluide Natur der Gesundheit anerkennen: Da Gesundheit kein statischer Zustand ist, befasst sich dieses Kapitel mit Methoden zur Anpassung der Ernährung an persönliche gesundheitliche Entwicklungen. In Anbetracht der Tatsache, dass viele Faktoren - wie Alter, Lebensstil und allgemeiner Gesundheitszustand - die Nierenfunktion beeinflussen, bietet dieses Kapitel eine Anleitung, wie man das kulinarische Terrain mit Flexibilität und Stärke meistert.

Interpretation der Überwachungsergebnisse: Der Schwerpunkt liegt auf dem Verständnis der Komplexität der Entschlüsselung von Überwachungsdaten. Das Kapitel gibt den Lesern Ratschläge zur Auswertung der Daten, die mit Hilfe von Überwachungstechnologien zu Hause und bei medizinischen Untersuchungen erhoben wurden. Um den eigenen Nierengesundheitsstatus besser zu verstehen und fundierte Ernährungsanpassungen vorzunehmen, ist es hilfreich, die Zahlen und Trends zu entschlüsseln.

Zusammenarbeit mit medizinischen Fachkräften: Die Bedeutung der Zusammenarbeit mit medizinischen Fachkräften während der Ernährungsumstellung kann nicht hoch genug eingeschätzt werden. In diesem Kapitel wird erläutert, wie Patienten und Ärzte gemeinsam Ernährungspläne erstellen können, die auf die Bedürfnisse des jeweiligen Patienten zugeschnitten sind. Diese Teamarbeit gewährleistet, dass die Ernährungsumstellung nicht willkürlich erfolgt, sondern auf den Gesundheitszustand und die gewünschten Ergebnisse jedes Einzelnen abgestimmt ist.

Anpassung an sich ändernde Gesundheitsbedingungen: Die Gesundheit verändert sich ständig, deshalb müssen Gesundheitsdienstleister flexibel sein. Dieses Kapitel bietet hilfreiche Ratschläge zur Anpassung der Ernährung an eine Vielzahl von medizinischen Bedürfnissen. Der Einzelne erhält einen kulinarischen Kompass, der ihn durch die sich ständig verändernde Landschaft der Nierengesundheit führt, sei es bei der Bewältigung von Blutdruckschwankungen, bei Veränderungen der Nierenfunktion oder bei der Anpassung an neue Medikamente.

Wir schließen dieses Kapitel über Überwachung und Anpassung mit der Erkenntnis, dass der Weg zur Nierengesundheit ein sich ständig weiterentwickelnder ist, der ständige Beobachtung, Teamarbeit und Flexibilität erfordert. Um eine optimale Nierengesundheit zu erreichen, sind Maßnahmen zur Selbstbefähigung wie Überwachung, regelmäßige Kontrolluntersuchungen und Ernährungsanpassungen erforderlich.

Wenn wir diesen Weg weitergehen, sollten wir uns daran erinnern, dass das Beobachten der Dinge und das Vornehmen notwendiger Anpassungen nicht nur defensive Schritte sind, sondern auch proaktive, befreiende Entscheidungen. Die folgenden Kapitel werden noch mehr Licht auf den Weg werfen und dem Leser unschätzbare Anleitungen, nützliche Vorschläge und eine Fülle von Wissen an die Hand geben, um ihn bei seinem Streben nach einer besseren Nierengesundheit und allgemeinem Wohlbefinden zu unterstützen.

Schlussfolgerung

Wir sind am Ende unseres kulinarischen Abenteuers durch das "Renal Diet Cookbook" angelangt, und ich möchte diese Gelegenheit nutzen, um Ihnen dafür zu danken, dass Sie mich auf diesem lebensverändernden Abenteuer begleitet haben. Dies ist mehr als nur eine Rezeptsammlung; es ist ein Wandteppich aus Erkenntnissen, Inspiration und dem gemeinsamen Ziel, trotz Nierenerkrankung gesund zu leben.

Dieses Kochbuch soll mehr sein als nur ein Nachschlagewerk; es soll ein treuer Freund in der Küche und ein verlässlicher Verbündeter auf der Suche nach köstlichen, nahrhaften Speisen sein. Die reichhaltige Geschmacksvielfalt, die die deutsche Küche auszeichnet, sollte nicht geopfert werden, nur damit Sie Mahlzeiten genießen können, die auf Ihre diätetischen Bedürfnisse zugeschnitten sind, und ich hoffe, dass Sie beim Eintauchen in diese Gerichte den Komfort der Vertrautheit und die Zuversicht spüren.

Das "Renal Diet Cookbook" ist mehr als nur eine Rezeptsammlung und nimmt Sie mit auf eine einzigartige Entdeckungsreise durch die Welt der nierenfreundlichen Küche. Jedes Gericht wurde so konzipiert, dass es nicht nur die Nährstoffe liefert, die Ihr Körper braucht, sondern auch ein genussvolles Esserlebnis bietet und beweist, dass gute Ernährung nicht langweilig oder restriktiv sein muss.

Jedes Rezept, vom hellen und erfrischenden mediterranen Quinoa-Salat bis zum aromatischen und zarten gebackenen Kabeljau mit Zitronendill, wurde mit der Absicht kreiert, Glück auf Ihren Tisch zu bringen. Der nierenfreundliche Süßkartoffel-Spinat-Frühstücksauflauf, die gegrillten Hähnchen-Gemüse-Spieße und die mit Spinat und Kichererbsen gefüllten Paprikaschoten sollen die Geschmacksvielfalt der traditionellen deutschen Küche unterstreichen.

Dies war nicht nur eine Rezeptsammlung, sondern eine Mission, um zu beweisen, dass leckeres und nahrhaftes Essen in perfekter Harmonie koexistieren kann. In diesen Artikeln haben wir als Gruppe die Feinheiten einer Nierendiät erforscht und die Hindernisse in Inspiration für innovatives Kochen verwandelt. Dieses Kochbuch ist der Beweis dafür, dass die Aufrechterhaltung einer gesunden Nierenfunktion nicht fade oder langweilig sein muss.

Lassen Sie uns die wichtigsten Punkte unserer gastronomischen Erkundung hervorheben. Wir haben uns mit der Wissenschaft beschäftigt, wie man nahrhafte Mahlzeiten kreiert, die die Grenzen der Nierengesundheit einhalten und dennoch den Hunger stillen. Diese Gerichte waren mehr als nur schmackhafte Leckerbissen; sie waren auch Instrumente der Befreiung, die Ihnen die Möglichkeit geben, gesunde und schmackhafte Entscheidungen über die Lebensmittel zu treffen, die Sie jeden Tag essen.

Das Letzte, was Sie von diesen Seiten mitnehmen sollen, ist ein Haufen von Rezepten. Ich bete dafür, dass Sie diese Seiten mit einem neuen Gefühl der Zuversicht und der Erkenntnis verlassen, dass Sie Ihren Weg zur Gesundheit nicht allein gehen müssen. Das "Renal Diet Cookbook" ist eine Ermutigung, Ihre Gesundheit selbst in die Hand zu nehmen und sich daran zu erfreuen, Ihren Körper mit köstlicher, nahrhafter Kost zu versorgen.

Wenn es eine Sache gibt, die Sie von dieser gastronomischen Reise mitnehmen sollen, dann ist es der Gedanke, dass Ihre Gesundheit kein Opfer, sondern ein Fest ist. Das Essen, das Sie zu sich nehmen, kann mehr sein als nur Brennstoff; es kann auch ein Ventil für Ihre Fantasie sein. Lassen Sie dieses Kochbuch als ständigen Begleiter auf Ihrer Reise zu einer besseren Nierengesundheit dienen, denn es enthält nicht nur köstliche Rezepte, sondern auch eine Landkarte der Welt des Essens.

Wenn Sie sich dem Ende dieser kulinarischen Reise nähern, denken Sie daran, dass Ihre Küche ein Ort der Selbstbestimmung ist, an dem Sie Entscheidungen treffen können, die die Werte widerspiegeln, die Ihnen wichtig sind, wie Gesundheit, Geschmack und die

Feier des Lebens. Möge Ihre kulinarische Reise eine fortlaufende Untersuchung sein, ein Denkmal für die Vorstellung, dass mit der richtigen Anleitung und den richtigen Rezepten jede Mahlzeit ein Schritt zu einem gesünderen, lebendigeren Selbst sein kann.

Guten Appetit und auf Ihr anhaltendes Wohlbefinden!

www.ingramcontent.com/pod-product-compliance
Lightning Source LLC
Chambersburg PA
CBHW081439250726
48662CB00009B/2870